아름다운 뒷모습

고연숙 수필집
아름다운 뒷모습

인쇄 2015년 2월 2일
발행 2015년 2월 12일

지은이 고연숙
발행인 서정환
펴낸곳 수필과비평사
주소 서울시 종로구 삼일대로 32길 36(익선동 30-6 운현신화타워 빌딩) 305호
전화 (02) 3675-5633, (063) 275-4000 · 0484
팩스 (063) 274-3131
이메일 sina321@hanmail.net   essay321@hanmail.net
출판등록 제300-2013-133호
인쇄 · 제본 신아출판사

저작권자 ⓒ 2015, 고연숙
이 책의 저작권은 저자에게 있습니다. 서면에 의한 저자의 허락없이 내용의 일부를 인용하거나 발췌하는 것을 금합니다.
COPYRIGHT ⓒ 2015, by Go Yeonsuk
All rights reserved including the rights of reproduction in whole or in part in any form.
저자와 협의, 인지는 생략합니다.
잘못된 책은 바꿔 드립니다.

ISBN 979-11-85796-52-9   03810

값 13,000원

이 도서의 국립중앙도서관 출판시도서목록(CIP)은 서지정보유통지원시스템 홈페이지 (http://seoji.nl.go.kr)와 국가자료공동목록시스템(http://www.nl.go.kr/kolisnet)에서 이용하실 수 있습니다.(CIP제어번호: CIP2015003874)

Printed in KOREA

아름다운 뒷모습

고연숙 수필집

수필과비평사

■ 머리말

    세 번째 수필집을 펴낸다. 새로운 책을 낸다는 사실에 커다란 감회보다는 또 한 번 민낯을 세상에 드러내는 것 같아 부끄럽다. 어차피 수필이라는 것이 자기고백의 문학이라고 한다면, 수필은 내 영혼을 되돌아보는 글쓰기이다.
    길들이고 가꾸어 나가면 사람은 아름다워진다고 하지만, 외모야 그럴 수 있다 하더라도 인생을 살면서 시시각각 변해가는 자신에 대한 책임을 진다는 것은 정말 쉬운 일이 아니다. 자신의 내면을 가꾸는 일을 게을리한 채 외형적인 모습만 추구하는 것이 오늘날 삶의 풍토이기 때문이다. 성냄, 어리석음, 탐욕, 번뇌가 사라진 아름다운 모습을 지닌다는 것은 어려운 일이다. 어느 분야에서건 자신이 떠난 자리에서 아름다운 뒷모습으로 남는다는 것은 더욱 힘든 일이 아닐까.
    인생은 화살과 같다고 하지만, 어느새 나의 인생도 훌쩍 후반기를 향해 간다. 내 인생은 얼마나 아름다운 뒷모습을 남기고 있는가를 되돌아보는 심정으로 이 수필집을 펴낸다. 1부 '아름다운 뒷모습', 2부 '꽃은 그냥 피지 않는다', 3부 '작은 것들의 소중함'에 실린 수필들은 모두 두 번째 수필집 ≪노루의 눈물≫ 이후에 쓴 비교적 최근의 수필들이다. 4부 '사랑의 징검다리', 5부 '사랑과 기쁨의 교육'에 실린 글들은 지난 10년 동안 〈제주일보〉를 비롯한 여러 신문에 실렸던 칼럼과 시론 형식의 글들이다. 특히 5부에 실린 글들은 평생 동안 몸담았던 교직에서 바라본 우리 교육에 대한 나름대로의 생각과 관점을 다룬 글들이다.

 인생에서도 수필에서도 아름다운 모습으로 남기를 원하지만, 지금까지 사람들로부터 개인적·사회적으로 진 빚을 생각하면 가슴이 먹먹할 뿐이다. 그분들이 아니었더라면 어찌 오늘의 내가 존재할 수 있을 것인가. 책의 제목을 ≪아름다운 뒷모습≫으로 한 것도 내 인생에서 만났던 수많은 분들에게 이 책이 조그마한 보답이나마 될 수 있기를 바라는 마음에서다. 책을 출간해 주신 수필과비평사에도 깊은 감사를 드린다.

2015년 2월
새봄의 꽃들을 기다리며
고연숙

■ 차례

머리말 • 4

1부
아름다운 뒷모습

나비와 휴대폰 • 13
아름다운 뒷모습 • 18
항아리 • 24
닫힌 인간, 열린 사랑 • 28
숲길의 여유 • 33
이카루스가 되고 싶다 • 38
내 마음의 뜨락 • 43
색채를 위한 사유 • 47
인생은 아름다워라 • 52

2부

꽃은 그냥 피지 않았다

산을 오르며 • 59
야생화 연정 • 64
매화를 따며 • 68
알바트로스의 비상 • 72
순천만 갈대 • 75
착각은 자유다 • 79
입맛 • 83
주디의 편지 • 88
꽃은 그냥 피지 않았다 • 91
저무는 태양을 바라보며 • 95

3부

작은 것들의 소중함

아낌없이 사랑했는가? • 103
이 가을이 가기 전에 • 108
나잇값 • 112
새로운 인생 • 116
행복이 가득한 텃밭 • 120
작은 것들의 소중함 • 124
태풍 뒤에 뜬 보름달 • 128
삭막한 겨울 풍경 • 132
잔인한 사월 • 137
이성과 감성 사이 • 142

4부

사랑의 징검다리

중국자본 유입의 허虛와 실實 • 151
독서의 계절, 정치의 계절 • 154
부모님의 사랑 • 158
총선 이후의 봄 • 161
아듀! 2013년 • 165
관광, 경제논리로 풀어야 • 168
제주여인 김만덕 • 172
힘찬 날갯짓으로 • 176
사랑의 징검다리 • 180
안경 너머로 보는 세상 • 184
사람 냄새 • 187
앉은 자리가 꽃자리 • 191

5부
교육이 죽으면 나라가 망한다

제주교육의 새 시대를 소망하며 • 197
제주교육의 성과와 미래 • 201
콩나무로 키울까, 콩나물로 키울까 • 204
교육을 정치논리로만 생각지 말라 • 208
제주교육에도 관심과 애정을 • 212
학교폭력, 어떻게 할 것인가 • 215
교육이 행정의 시녀侍女인가 • 219
교육이 죽으면 나라가 망한다 • 223
밝은 교육 맑은 제주 • 227
제주국제학교에 대한 기대와 우려 • 231
사랑과 기쁨의 5월 • 235
설득과 소통의 리더십 • 238

■ **해설** | 허상문(문학평론가, 영남대 교수)
　아름다운 영혼을 꿈꾸는 꽃의 변주곡 • 241

1부
아름다운 뒷모습

나비와 휴대폰 | 아름다운 뒷모습 | 항아리
닫힌 인간, 열린 사랑 | 숲길의 여유 | 이카루스가 되고 싶다
내 마음의 뜨락 | 색채를 위한 사유 | 인생은 아름다워라

나비와 휴대폰

오랜만에 맞은 휴일에 숲길을 걷다보니 온통 꽃들이 잔치를 벌이고 있다. 숲길은 언제나 몸과 마음에 평화로움과 고요함을 가져다 준다. 숲 속에서는 꽃이 피고 새가 노래하고 나비들이 너울대며 대화를 나누자고 다가온다. 새들은 저마다의 고운 목소리로 노래를 불러대고, 매미들은 곧 다가올 죽음을 맞이하기 전에 짝짓기 상대를 구하기 위해 목이 터져라 울어댄다. 갖가지 야생화들은 아름다운 자태를 뽐내며 피어있고, 잡초들도 여기저기서 당당하게 자라나고 있다.

내 삶에서 참으로 행복한 시간은 도시 속에서가 아니라 혼자 조용히 자연 속에 머물러 있을 때이다. 자연 속을 걷는다는 것은 자신을 돌아보는 명상의 시간이자 세상 만물과 비로소 하나가 되어 마음의 눈을 뜨는 시간이다.

숲의 고요와 평화를 깨뜨리는 휴대폰 소리가 요란하게 울려댄다. 기술의 발전과 함께 휴대폰이 아무리 발전해도 우리들의 마음과 마음을 이어주지는 못한다. 휴대폰 통화와 이메일에 밀려 우체통과 편지는 사라진 지 오래고, 아이들의 손에서 연필과 크레용은 자꾸 없어져 가고 있다.

사람들은 정신없이 앞만 보고 달리며 푸른 신호등만 켜지길 기다린다. 수백 명의 생명을 앗아간 '세월호사건', 한순간을 참지 못해 가족과 동료를 해치는 엽기적 사건들…. 도대체 이 세상의 모든 비인간적인 죄악과 타락은 언제면 사라질 것인가. 죽어도 죄만은 남는다고 했는데 이승에서 지은 우리들의 죄악을 저승에서는 갚을 수 있을까.

우리들은 가슴속에 소중하게 간직해야 할 것들을 잊어버리거나 내던지며 살아간다. 숲 속에 핀 들꽃에게 말을 걸어보면 그 말을 알아듣고 응대한다. 나무를 꼭 껴안고 오래 서 있으면 나무의 가슴 떨리는 고백을 들을 수 있다. 숲 속에서는 꽃과 나무, 새와 나비가 모두 나의 친한 벗들이다.

나비 한 마리가 살포시 날아와 내 손등에 내려앉는다. 알은체를 하자, 나비는 놀라 근처의 봉숭아 꽃잎 위로 가 사뿐히 앉았는데 자태가 참 곱다.

어머니는 기품 있고 자애로운 분이었다. 단정한 한복을 입고 봉숭아물을 손톱에 들이고 하얀 얼굴엔 고운 미소가 서려 있었다.

지체 있고 넉넉하던 집안에서 자랐기 때문인지 늘 여유로운 표정이었다. 하지만 다섯 명의 자식을 낳아 기르면서 바쁘게 생활하다 보니 얼굴에 주름살도 하나 둘 생겨났다. 이제는 구름 속에 숨어 있는 하얀 낮달도 어머니의 고왔던 모습을 기억하지 못할 것이다.

어렵고 힘든 세월을 살아오면서도 어머니가 눈물 흘리시는 모습을 본 적이 없다. 먹고 사는 일이 엄중하던 때에도 그것은 견뎌내야 할 인생의 한 과정이라고 생각하셨던 것 같다. 그러던 어머니는 우리 몰래 지독한 위장병을 앓고 계셨고, 언제부터인가 어머니의 손에서 봉숭아물은 사라지고 없었다. 거기에는 연유가 있었다. 아버지가 간암 판정을 받은 후 지극정성으로 아버지를 돌보며 정작 당신의 몸은 아랑곳하지 않았던 것이다. 아버지는 차츰 회복되어 갔지만 어머니의 위장병은 들쥐의 송곳니처럼 어머니의 몸을 슬금슬금 갉아 먹었다. 그렇게 떠나신 어머니를 우리 형제들은 항상 아쉬워하고 그리워했다.

지난봄, 동생들과 함께 성묘를 할 때, 나비 한 마리가 계속 우리 주위를 맴돌다가 막내동생의 어깨 위에 앉았다 날았다를 반복했다. 동생들은 신기해하며 이 나비가 어머니의 혼이 되어 찾아온 것이라고 말했다. 그렇지 않고서야 나비가 우리를 저리 반길 수 없다는 것이다. 자식들이 왔음을 반기듯 나비는 우리들 곁을 좀처럼 떠나지 않았다. 자식들이 숟가락 부딪쳐가며 밥 먹는 모습을 바라보면서 마냥 행복해 하시던 어머니, 첫딸인 내가 선물해드린

밍크 옷을 애지중지하다가 장롱 속에 그대로 두고 가신 어머니가 우리에게 찾아온 것이다. "어머니, 이리 오셔요." 하니 나비는 나에게 날아와 내 손등을 어루만진다. 가슴이 메어오면서 눈물이 터져 나오고 말았다. 얼마나 자식들이 보고 싶었으면 나비가 되어 오셨을까. 우리는 떠나기 힘든 어머니의 산소를 자꾸자꾸 뒤돌아보며 산을 내려왔다.

어머니는 세월이 흐를수록 어린 시절 도화지에 그렸다가 지워진 꽃그림처럼 안타까운 모습으로 남아 있다. 흘러가는 강물과 사라져 간 꽃향기는 모두 바람처럼 흘러가버렸지만, 어머니는 나의 오랜 기다림이며 그리움이 되어 언제나 그 자리에 그냥 있었다. 어머니에 대한 기다림이나 그리움은 낮의 고통과 긴장을 풀고 밤의 안락과 고요 속으로 빠져드는 순간과 같은 것이었다. 밤이 되면 지난 하루 동안 일상의 순간순간이 전하는 소소한 기쁨과 슬픔들, 환희와 절망들은 달빛처럼 나의 뼛속 마디마디에 스며들어 왔다. 하지만 달이 차고 기우는 속에서 일상의 삶이 전해주는 코끝 찡한 이야기들과 그들을 귀담아들어 주며 보듬어 안아 주는 어머니의 따뜻한 품은 이제 없다. 우리들에게서 달과 별이 자꾸 사라져 가고 있듯이 나비도 자꾸 우리들 곁을 떠나고 있다.

나비는 세상의 혼돈과 소음을 싫어한다. 이 꽃 저 꽃 다니며 수분受粉을 나눠주면서 온갖 탄생의 축복을 기약한다. 연약하면서도 확실한 자유로움으로 꽃들에게 보시布施를 하고 만물의 전령사가 되어준다. 그러면서도 나비는 이 세상의 모든 소리를 피해 정적 뒤로 숨는다. 소음에서 도피하고자 하는 건지 아니면 고요를 편애하는 건지 알 수 없지만, 나비는 세상의 모든 혼돈으로부터 은둔하고자 한다.

 하지만 세상은 갈수록 섬을 집어삼킬 듯이 밀려오는 태풍 같은 혼돈과 소음 속으로 빠져 들어간다. '참을 수 없는 존재의 가벼움', 이 지상의 작은 미물이며 그 그림자에 불과한 나비는 자신의 존재 이유를 증명할 방법이 없다. 나비는 이제 태풍이 휘몰아쳐오는 바다에 무력하고 외롭게 서 있는 등대와 같이 자신의 신세가 슬프다.

 멀리 한라산에서 노을이 지기 시작한다. 해가 지고 나면 산골마을에는 평화와 고요가 찾아올 것이다. 산골의 밤은 언제나 평화롭고 여유롭다. 멀리 개 짖는 소리를 들으면서 어두운 밤하늘의 달과 별은 찬란하게 주변을 밝힐 것이다. 달과 별이 밝혀주는 어두운 길 위에서 나비는 제 갈 길을 잃은 채 어딘가를 서성일 것이고, 나비의 등에는 시린 초승달이 새파랗게 걸려 있을 것이다.

 갑자기 주머니 속에서 휴대폰의 수신음이 시끄럽게 울리기 시작한다. 갑작스러운 굉음에 놀라 온몸을 부르르 떨던 나비는 내 곁을 떠나 어디론가 떠날 채비를 한다. 나비를 떠나보내지 않기 위해 나는 급히 뒤따라 나섰지만, 잠시 멈칫하던 나비는 뒤도 돌아보지 않고 훨훨 저 멀리 날아가고 말았다. 한라산 산 그림자는 나비와 그 뒤를 쫓아가는 나를 어둡게 물들이고 있었다.

(2014)

아름다운 뒷모습

　무언가를 억지로 들으려 하지 않고 그냥 귀를 닫고 있으면 여태 들리지 않던 소리가 들리게 된다. 침묵하고 있으면서도 함께 대화할 수 있고 함께 느낄 수 있는 사람이 곁에 있다고 생각할 때가 있다. 귀와 입을 닫고 눈을 감는다는 행위는 소극적인 듯하지만 적극적인 행위이고 수동적인 듯하지만 능동적인 행위이다. 고요한 세상 안에 잠겨서도 마음으로 느낄 수 있고, 보고 싶고 생각나는 사람으로 남게 된다는 것은 얼마나 소중한 일인가.
　어느 날, 문득 하던 일을 멈추고, 언젠가의 시간과 사람들을 생각할 때 그 속에서 내가 얼마나 가치 있는 존재였던가 하고 생각해 보게 된다. 칭송의 대상으로까지는 아니더라도 추함이나 거부의 존재로 이 세상에 남아서는 안 된다는 심정으로 여태 살아왔다. 세월이 갈수록 아름다운 존재로 세상과 사람들에게 각인되어 있다는 것은 얼마나 소중한 일인가를 생각해 보게 된다. 앞면의 화려하고 아름다운 풍경은 당장 사람을 끌어당기지만 실제 가까이 가 보면 실망하는 경우가 많다. 풍경의 앞면보다는 뒷면에서 만난 사람과 그들이 만들어내는 기억의 시간은 좀처럼 사라지지 않는다. 감추어지고 어두운 공간에서 나를 발견하고, 그 안에서 나와 타인의 진정한 모습을 찾을 수 있기 때문이다. 나를 타인과 바꾸면 그곳은 우리가 살고 있는 곳으로 변하게 되고, 진정하게 자신을 돌아볼 수 있는 공간이 된다. 사람들이 쉽게 보지 못하는 시간과 공간 속에서 만난 기억과 뒷모습이 진짜 모습이 아닐까.

터키의 이스탄불은 나에게 항상 몽환적이고 환상적인 도시로 생각되었다. 이 이국적인 도시를 묘사한 글을 읽으면서 떠오른 생각은 동서양 문화의 접목이란 과연 어떤 것일까, 그들의 박물관에는 어떤 형태의 거창한 역사가 담겨 있을까 하는 것이었다. 또한 기독교와 이슬람이라는 두 문화의 교접은 어떠한 모습을 띠고 있을까 하는 궁금증을 지울 수 없었다. 그러나 터키에 대한 나의 깊은 인상은 뒷골목과 지하철에서 만난 현장 사람들의 표정과 행동을 통해서였다. 지하철 안에서 만났던 동양인도 서양인도 아닌 터키 남자들의 짙고 푸른 눈을 바라보면서 나는 동서양의 접목이란 저런 것이구나, 저들은 우리와 다른 마음으로 세상을 바라보고 있는 것이 아닐까 하는 생각을 해 보았다. 길모퉁이 어딘가에서 그들이 즐겨먹는 케밥 같은 음식을 함께 먹으면서 그들의 삶은 더욱 실감나게 나에게 다가왔고 그 순간의 기억들은 나에게 깊이 남게 되었다.

급속하게 변해가는 세상을 바라보면서 현재의 시간보다는 과거의 추억과 기억에 대한 회상이 더욱 의미 있는 것으로 보인다. 물론 오늘과 다른 내일을 기대하면서 오늘도 우리는 살아가고 있는 것이지만, 오늘이 모여서 과거가 되는 것이고 빛은 어둠이 있기 때문에 존재할 수 있는 것이 아니던가. 지금 현재에 있는 모든 것은 과거 그 누군가의 간절한 꿈이었다는 말이 있다. 평생을 몸담아온 교직생활에서 현재의 나의 모습은 우리 아이들과 후손들의 좀 더 나은 미래를 위해 고민하는 모습으로 남아야 한다고 생각해 왔다. 사람들은 좀 더 의미 있는 모습으로 현재와 미래에 남고자 하고 그것은 다시 과거가 된다.

눈앞에 다가온 선거를 앞두고 지역사회 인사들의 모습은 다양하다. 새로운 등장을 위해 동분서주하는 모습, 그동안 추진하고 달성했던 업적에 대해서 많은 자랑을 늘어놓는 모습, 엄청난 업적을 쌓고도 다음 사람들을 위해서 깨끗이 퇴진하는 모습 등 다양한 모습이 연출되고 있다. 이런 모습을 바라보면서, 사람들은 여러 가지 평가를 하게 된다. 사람들은 그들의 업적에 대한 평가에도 관심이 많지만, 마지막 떠나는 뒷모습도 중요하게 생각한다. 떠나는 뒷모습을 보면서 진정한 평가를 내리게 되는 것이다. 아름다운 뒷모습은 국내에서는 드물지만 외국에서는 흔히 볼 수 있는 일이다.

얼마 전 세계인들의 주목을 끌며 우리 곁을 떠난 남아공의 대통령 넬슨 만델라도 많은 국민들이 계속 지도자로 남아달라고 부탁했지만, 더 나은 사회, 더 나은 국가를 이룩할 후진을 위해 자신은 떠나야 한다고 하면서 표표히 권좌에서 물러났다. 만델라는 "남들이 나를 잡을 때 떠나겠다."라고 하면서 "이제 고향으로 돌아가 나를 키워준 계곡과 언덕, 시냇가를 거닐고 싶다."라는 말을 남겼다.

만델라는 아름다운 퇴임으로 많은 사람들의 박수를 받았다. 그리고 그는 남아공을 자유와 평화의 유산으로 남긴 지도자로 영원히 우리 기억 속에 남게 됐다. 재임할 당시보다는 떠난 후에 올바르게 평가를 받는 정치인이야말로 위대한 사람이라 할 수 있다. 뒷모습이 아름다워야 함에도 불구하고 많은 정치인들은 그렇지 못한 경우가 다반사이지만 만델라가 보여준 모습은 많은 사람들을 감동시켰다.

사람들은 삶의 마지막 순간에서조차 지난 세월에서 누렸던 햇살의 따뜻함, 갓 구운 빵 냄새의 축복이 여전히 자신을 감싸고 있음을 인식한다. 깜깜한 어둠 속에서도 삶이 얼마나 훌륭한 축복인지, 고통의 한가운데에서도 인생은 아름다운 것이라고 생각지 못한다. 그리고 죽음 앞에서도 자신을 이끌어 온 희망과 믿음, 날마다 새롭게 펼쳐지는 삶을 가능케 했던 생명과 그 소중함을 인식치 못한다.

인생과 사람을 위한 사랑은 숨 쉬는 것처럼 저절로 이루어지는 것이 아니다. 이 세상에서 다른 사람들과 함께 살고자 하는 마음가짐으로 진지한 자기 성찰과 자기희생을 수반해야 한다. 그것은 상대방이 나에게 맞춰줘야 한다고 강요하지 않는 것, 나의 희생을 감수하고서라도 사랑하는 이의 행복을 위하여 헌신할 것을 요구한다. 헌신은 이 세상을 위해 의식적으로 길러야 할 사랑의 마음이다. 진정한 사랑의 실천이란 그래서 가혹하고 두려운 것이다.

 존재의 운명은 우리가 선택하는 길에 따라 좌우된다. 선택은 삶의 운명을 좌우하는 것일뿐만 아니라, 한번 가면 발걸음을 되돌릴 수 없는 곳으로 향해 가는 황혼 길에서 결국 우리의 삶의 모습을 송두리째 보여주게 된다. 삶의 모든 분야에서 진짜 훌륭한 사람은 등장할 때와 떠날 때를 가릴 줄 아는 사람이다. 용퇴를 분명히 하는 사람이 많을수록 더욱 활기차고 건강한 사회라고 할 수 있다. 우리 역사에서도 떠날 때 아름답게 떠나지 못해서 생겨난 비극이 한두 번이 아니다. 힘 있는 자리에 한번 앉으면 그 자리를 떠나기는 힘든 일이지만, 그곳에서 분연히 물러나는 것이야말로 참 용기다.

 과정과 업적이 아무리 훌륭했다 할지라도 뒷모습이 아름답지 못하면 비난을 받게 된다. 업적 못지않게 중요한 것은 모든 일에 있어서 그 결말을 잘 짓는 일이다. 중국 시인 도연명은 태수의 자리를 물러나서 고향으로 돌아가려고 결심하면서 〈귀거래사〉를 지었다고 한다. 오를 때와 내려올 때를 안다는 것, 화려한 등장 못지않게 아름다운 퇴장을 할 수 있다는 것은 개인은 물론 사회를 위해서도 값지고 소중한 가치다. 세상살이란 앞모습과 뒷모습이 서로 포개져 이루어지는 것인지 모른다. 내가 머물던 자리에 누군가가 다시 나타나고, 내가 서 있던 자리에 그 사람이 다시 서게 되는 것은 자연의 순리와 같다.

  자신이 할 수 있는 최선의 노력을 다하고 깨끗이 떠나는 모습을 보면서 사람들은 갈채를 보낸다. 운동경기에서 혼신의 힘을 다하고 눈물을 흘리는 선수의 모습을 보면서 우리는 많은 감동을 받는다. 피눈물 나는 훈련을 통해 실력을 쌓은 후에 완벽하게 자신의 기량을 발휘하고 경기장을 떠나는 선수들의 모습에 어찌 감동받지 않을 것인가.

  사람들은 자신의 앞모습만을 바라보면서 사는 존재라 할 수 있다. 앞모습을 가꾸기 위해 거울 앞에서 화장을 하고 옷매무새를 단정하게 하며 자신의 앞모습을 가꾸는 데 온갖 정성을 들인다. 오늘 아침에도 나는 외출하기 위해 거울 앞에서 오랜 시간을 보냈지만, 앞모습 뒤에 존재할 나의 뒷모습은 어떤 것일지 궁금하기 짝이 없다.

  사람들은 뒷모습은 돌보지 않고 앞모습만을 바라보며 살아가고 있지만, 겉으로 드러난 앞모습보다는 보이지 않는 뒷모습이 더 소중한 것이다. 나의 뒷모습은 어떻게 남을까?

(2014)

항아리

　담장 없는 시골집을 엿보면, 집안 마당에 가지런히 놓여 있는 항아리들이 눈길을 끈다. 안개라도 자욱이 낀 날에는 항아리들 모습이 신기롭기까지 하다. 멀리서 보면 항아리들은 그 옛날 궁정에서 간택을 기다리고 있는 수줍은 여인네들의 모습이다.
　항아리는 다양한 멋을 지니고 있다. 부드럽고 의연한 위엄이 있는가 하면, 소박한 질박質朴의 미를 품고 있다. 항아리에는 유가儒家에서 강조하는 아름다운 것을 선한 것으로 보고, 내게 중요한 것을 알면서도 남에게 줄 수 있는 너그럽고 넉넉한 마음이 담겨 있다. 또한 항아리에는 도가道家에서 강조하는 천진하고 질박한 무위자연 상태의 아름다움을 지니고 있다. 항아리가 이런 품성을 지니고 있는 것은 그 제작 과정의 치열함 때문이다.
　모든 창작 활동이 그럴 테지만 항아리의 제작은 도예가 혼자만의 노력으로 이뤄지는 것이 아니다. 흙과 불과 신神의 조화로 이뤄진다. 항아리는 불가마 속에 들어가는 흙과 그것을 소성하는 불과 이를 돌보는 신의 합작품이다. 불과 흙에 신의 보살핌이 함께 이뤄져야만 성공할 수 있는 것이다. 신의 보살핌을 받으려면 많은 노력과 정성이 필수 요건이다. 우선 작품에 맞는 흙을 찾아내야 하며 그 흙과 궁합이 맞는 유약의 선정도 중요하다. 이런 준비를 위해서는 천릿길도 마다하지 말아야 하며 끈기도 필요하다.

고통과 인고의 시간을 견뎌내고 힘들게 세상에 태어난 항아리는 뽐내지도 으스대지도 않는다. 순수하고 정겨운 가운데서도 의연함을 잃지 않는 것이 항아리의 매력이다. 진중함 속에 무언으로 전달하는 다양한 모습과 색채야말로 공예미의 극치다. 항아리에는 어느 공간에 두어도 화합이 가능한 친숙함이 있다. 뜨거운 불길 속에서 수많은 번뇌와 고통을 거친 후에 등장하는 잘 빚어진 항아리에는 모든 아픔을 감싸주는 어머니의 지극한 성품이 서려 있다. 어질고 소박한 성품을 표현하는 항아리는 영락없이 어머니의 성품과 같다.

집안의 물건 하나하나에 어머니의 손길이 닿지 않은 것이 없지만, 어머니는 무엇보다 항아리를 중요하게 여겼다. 틈만 나면 어머니는 항아리를 닦아서 우리 집 항아리는 반질반질 광택이 났다. 어머니는 살림에 중요한 것들은 모두 항아리에 담았다. 항아리에 술을 담으면 술 단지가 되고, 간장을 담으면 간장 단지가 되고, 김치를 담으면 김치 단지가 되었다. 술항아리, 간장항아리, 김치항아리와 같이 어머니의 항아리는 모두 소중했다. 어머니는 쉼 없이 항아리에 뭔가를 꽉 채우며 알찬 인생을 살고자 했다.

내 인생의 항아리에는 무엇을 담았을까. 내 항아리는 한없이 모자라고 허전하다. 살아오면서 항상 뭔가로 채우고 싶었지만 모자람투성이다. 항아리 속에는 언제나 허울과 껍질만 남아 있다.

나를 아는 사람들은 내가 글 쓰는 사람이라고 기억한다. 아마 나를 포장해주는 '수필가'라는 수식어 때문일 것이다. 하지만 지금껏 흡족할 만한 글을 쓰지 못했다. 의무감 때문에 서둘러 글을 보내고 나서 후회한 적이 한두 번이 아니다. 좋은 항아리가 만들어지기 위해서는 흙과 불의 다스림이 무엇보다 중요하지만, 내가 빚어낸 항아리는 언제나 볼품없었다.

어머니가 귀중한 물건을 넣어두는 소중한 항아리 같은 수필항아리를 언제쯤 볼 수 있을까. 아직도 나에게 붙어다니는 '수필가'라는 직함이 낯설고 부담스럽다. 내 인생의 중요한 과제의 하나인 수필이라는 항아리에는 무엇을 채워야 할까. 그 속에는 셰익스피어의 ≪햄릿≫과 같은 비극도, ≪아라비안나이트≫와 같은 재미있는 이야기도 담지 못했다.

뭐든지 담아낼 수 있는 항아리에 아무것도 담을 수 없다는 허기는 항상 나를 괴롭힌다. 언제면 알찬 내용과 형식이 풍성하게 조화를 이룬 작품이 항아리에 담길 수 있을까. 한 편의 좋은 수필을 쓰고자 하면 어느새 감성은 북어처럼 메말라 버린다. 주제는 갈팡질팡하고 문체는 윤기를 상실해 버린다. 박제된 영혼은 어제도 오늘도 원고지 위에서 맴돌고 있다. 젖은 땅 물 한 모금을 찾아 천 길 사막을 걸어야 하는 낙타처럼 오늘도 한 줄의 글을 쓰기 위해 애쓰는 모습은 낙타의 업보와 같다.

담장 너머 마당에는 방금 어머니의 손길이 닿은 듯 아직도 물기를 머금은 항아리가 옹기종기 서 있다. 항아리들은 누군가 다가와 자신을 가득 채워주기를 기다리고 있다. 언제쯤이면 내 인생의 참모습을 잘 빚어내어 저 항아리 속을 가득 채울 수 있을까.

(2014)

닫힌 인간, 열린 사랑

영화 〈겨울왕국〉이 선풍적 인기를 끌고 있다. 외국에서 만들어진 현실감 없어 보이는 애니메이션 영화가 엄청난 관객을 동원한 이유는 무엇일까.

영화의 중심적인 스토리는 엘사에 의해 이루어진다. 엘사는 눈[雪]을 자유자재로 만들고 부술 줄 아는 마술을 부리는 인물이다. 반면 동생 안나는 언니의 능력을 이용해 눈사람을 만들고 스케이트도 타곤 하는 순진한 인물이다. 그러던 어느 날 밤, 얼음놀이를 하던 동생이 엘사의 마법으로 인해 다치게 된다.

엘사의 아버지는 그녀의 능력이 통제 불능이라고 생각하고, 엘사가 마법을 통제할 수 있을 때까지 격리시킨다. 엘사는 감옥에 갇혀 느끼지도 못하고 사람들을 만나지도 못하게 됨으로써 그의 능력은 봉쇄된다.

미셸 푸코라는 철학자는 "광인은 생겨나는 것이 아니라 만들어지는 것"이라고 했다. 그에 의하면, 현대인들은 모두 '감시'의 상징인 감옥에 갇힌 자들이며 그로부터 탈출코자 하는 존재들이다. 인간은 어디에선가 자신을 바라보는 감시의 시선에서 자유로울 수 없다. 곳곳에 설치된 CCTV에서처럼 우리는 항상 감시당하며 억압당하고 있다. 이 세상은 거대한 감옥이다. 누군가가 나를 속속들이 보고 있는데, 나를 바라보는 사람이 누군지 모른다. 현대적 '이성'과 그 뒤에 숨어있는 권력의 폭력성은 언제나 우리들을 감시하고 처벌한다.

엘사의 아버지는 엘사의 재능을 감시하고 처벌하는 인물이다. 자식의 재능을 마음껏 펼칠 수 있도록 해야 함에도 엘사의 아버지는 그 반대이다. 물론 엘사가 통제하기 힘든 재능을 지닌 것은 사실이지만, 그 재능을 절제하면서 사용하는 것을 가르치기보다는 무조건 억압코자 한다. 엘사 아버지의 행동은 오늘날 가정과 학교에서 벌어지는 교육현상을 대변한다고 볼 수 있다. 순위경쟁에 길들여진 우리는 재능보다는 성적만 강조한다. 또한 자본과 기술이 지배하는 우리 사회의 여러 병폐는 엘사 아버지의 태도와 다르지 않다.

엘사는 자신의 마법이 다른 사람을 위험에 빠트릴까봐 전전긍긍하는 세월을 보낸다. 마침내 어린 엘사가 성장해 여왕으로 즉위식을 하는 날이 된다. 그런데도 그녀는 걱정에 사로잡혀 있다. 과거 아버지의 가르침대로 항상 착한 어린이여야 한다는 교육 때문에 즉위식 날에 자신의 마법이 드러날까 봐 두려워한다. 그런 두려움으로 동생을 비롯해서 사람들을 더욱 멀리하게 된다.

오래전에 아리스토텔레스는 인간의 사회적 성격을 설파한 적 있지만, 우리는 살아가면서 타인의 시선을 무시할 수 없다. 나의 존재가 있기 전에 타인이 존재하고 나의 시선은 타인의 시선에 의해 조성된다. 사람은 태어나면서부터 부모의 훈육에 의해 길들여지고 사회라는 제약에 사로잡힌다. 때로 사회적 제약들로부터 단절하고 독립하고 싶지만, 오히려 우리를 규율과 억압으로 사로잡게 된다. 엘사는 자신에게 주어지는 사회적 시선을 거부하지 못한다.

엘사는 결국 자신의 '겨울왕국'에 숨어들고, 더 이상 사람들이 자신에게 다가오지 못하게 만든다. 그럼으로써 그녀는 영혼의 비상을 꿈꾼다. 왜 인간영혼은 끊임없이 비상을 꿈꾸는 것일까. 인간에게는 근본적으로 비상의 자유가 박탈되어 있기 때문이다. 이 지상에서 살기 위해서 인간은 온갖 제약에 얽매일 수밖에 없다. 가족의 굴레, 사회적 억압, 돈과 명예를 위한 욕망…. 그래서 인간은 '이카루스의 비상'을 꿈꾼다. 기본적인 생존을 위해서 우리는 너무나 많은 것을 희생하고 포기한다. 우리를 지상에 묶어두는 것은 일종의 중력이다. 중력 때문에 우리는 이 지상에 거주할 수밖에 없지만, 동시에 인간은 이 중력을 벗어나 자유를 얻고 비상하고자 한다. 엘사가 자신만을 위한 '겨울왕국'을 만들고 그 속으로 숨어들고자 한 것도 이 지상의 모든 중력을 떨치고 비상하고자 하는 욕망의 표현에 다름 아니다.

〈겨울왕국〉의 상영 이후, 많은 사람들의 사랑을 받은 'Let it go'라는 영화음악은 바로 엘사의 마음을 잘 보여주는 것이다. 모든 억압으로부터의 자유, 그리고 자신의 재능을 맘껏 펼치겠다는 소망이 'Let it go'의 가사에 담겨 엘사의 마음을 전한다. 돌아가신 아버지로부터 '숨겨라, 보지 마라, 느끼지 마라' 하는 식으로 자신의 재능을 억압하는 교육을 받았던 엘사는 혼자가 되자, 그런 굴레로부터 벗어나 진정한 자신을 되찾게 된다. 여왕으로서 항상 착한 사람, 남에게 좋은 이미지를 보여줘야 한다는 의무도 던져 버리고 자신이 가진 능력이 무엇인지 정확하게 깨달으면서 '겨울왕국'의 여왕으로 재탄생한다.

안나는 언니 엘사를 위해서라면 무슨 일이든 할 수 있다고 생각한다. 작품의 결말에 한스가 권력욕으로 돌아서고 엘사를 죽이려고 하는 순간에도 안나는 엘사를 구하기 위해 온몸으로 막아선다. 그리고 자신은 얼음으로 변하면서도 안도의 한숨을 내쉰다. 엘사는 그러한 안나를 보며 괴로워하고 슬퍼하지만 안나의 '희생'과 '사랑'이 모든 것을 녹일 수 있다는 것을 깨닫게 된다.

타인을 위해 자신의 고통을 참으며, 자신이 하는 일을 내세우지 않는 것이야말로 '사랑'의 마음이다. 영화에서 보여주듯이, 진정한 사랑은 여닫이문의 돌쩌귀와 같은 것이며 타인을 위해 자신을 기꺼이 녹일 수 있는 거와 같은 것이다. 안나가 엘사를 위해 베푸는 희생과 사랑의 정신이야말로 타자를 포용하며 이 세상을 밝히는 진리의 길이다.

〈겨울왕국〉은 억압과 통제로 봉인된 현대 인간사회를 올바르게 해결하는 방법은 사랑과 격려라는 사실을 일깨워준다. 이것은 작게는 가족관계에서부터 크게는 이 세상 전반에 적용될 수 있는 진리의 메시지이다.

(2014)

숲길의 여유

서귀포행 5·16 노선버스를 타고 한라자연생태숲 입구에서 내렸다. 공기가 청량하다. 이 얼마 만의 산행인가. 실로 몇 달 만이다.

안내소에 이르자 오름동아리로 보이는 한 무리가 일행인 줄 알고 손을 흔들며 반긴다. 민낯이 신경 쓰여 마스크를 뒤집어쓰고 빠른 걸음으로 지나쳤다.

어느새 숫모르숲길에 와있다. 사방이 설화雪花 천국이다. 눈부시게 하얀 겨울 숲. 아침 햇살에 반짝이는 결정結晶들이 마치 보석가루를 뿌려놓은 것 같다. 아직 아무도 밟지 않은 미지의 눈밭.

편백나무와 삼나무가 끝없이 이어지고 있는 숲길이다. 이젠 안경도 마스크도 거추장스러워져 훌훌 벗어던졌다. 코끝이 맵싸하다. 차고 달콤한 공기를 한껏 들이마신다. 소음과 먼지에 찌든 몸과 마음이 평화로움과 고요함에 깨끗이 정화되는 느낌이다. 나는 이곳 평화에 깃들고 녹아들어 숲 속 일부가 되어 있다.
 될수록 느리게, 천천히, 여유롭게 걷다 보니 아직도 지지 않은 꽃이 나를 반기고 새들도 따라다니며 지저귄다. 삐 삐이 뱃종뱃종, 짹 째잭 째르르르…. 뒤에서 오던 무리가 나를 앞지르며 말을 건넨다. "참 천천히도 걸으시네요?"
 그들은 벌써 저만치에 있는 쉼터에 걸터앉아 막걸리를 마시고 있다. 내가 옆을 지날 때 귤 몇 개를 쥐어주면서 성급히 자리를 털고 일어난다. 오름 세 곳을 더 오르려면 지체하지 말아야 한다는 것이다. 저들은 숲길에 오면서도 자동차의 가속 페달을 쉴 새 없이 밟으며 내달려왔을 듯하다.
 생각해보면 빠르다는 것은 오직 급한 마음으로 직선 위를 달려 목적지에 빨리 닿고자 하는 것이다. 우리들이 달려가는 길은 언제나 수단과 방법을 가리지 않고 곧바로 질주하는 길이다. 그러나 직선과 곡선의 조화 없이 어찌 한 편의 그림이 되고, 빠름과 느림의 조율 없이 어찌 한 곡의 노래가 되겠는가. 우리네 인생도 빠름과 느림, 오르막과 내리막의 조화가 필요할진대 오직 앞만 보고 질주한다.
 갑자기 배낭 속에서 요란하게 울려대는 휴대폰 소리. 받자마자 바쁘고 숨 가쁜 소리가 들려온다. 휴대폰을 받는 나도 덩달아 바쁘다. 언제부터인지 휴대폰에 밀려 편지는 사라진 지 오래됐고, 보일러로 인해 군불 지핀 토방도 없어졌다. 언젠가 어느 시골의 군불 지핀 토방에서 지냈던 아늑하고 따뜻한 온기 속에 지냈던 시간이 그립다.

호젓한 숲길. 혼자 걷다보니 이런 저런 상념이 몰려온다. 걷는다는 것은 곧 자신을 돌아보는 명상의 시간이자 세상만물과 비로소 하나가 되어 마음의 눈을 뜨는 시간이다. 자동차가 아무리 서둘러도 길을 벗어나지는 못하고, 전기가 제아무리 빨라도 전깃줄을 넘어서지 못하고, 휴대폰이 제아무리 빨라도 우리들의 마음과 마음을 이어주지는 못한다. 현대적 삶에서 우리들의 정신건강을 헤치는 것은 바로 빠름의 미학 때문이다.

정신건강 문제, 자살위험 등 정신건강은 위기상황에 처해 있다. 이제 더 이상 정신건강이란 정신질환에 걸리지 않은 것만을 말하지 않는다. 정신건강이란 환경에 잘 적응하고 주변 사람들과 원만한 관계를 유지할 수 있으며, 어려운 문제나 갈등 상황에 부딪혔을 때 적극적으로 스스로의 능력을 충분히 발휘해 문제를 잘 해결해 나갈 수 있는 것을 의미한다. 그러기 위해서는 여유를 가지고 마음에 귀를 기울여 관심을 가지며 자연과 더불어 열린 마음을 가져야 할 것이다.

시간에 쫓기듯이 살면 그 시간은 더욱 가속도로 빨라진다. 하지만 마음의 여유를 가지고 둘러보면 숲길의 새들과 꽃들은 모두 나의 오래된 벗이 되어준다. 숲길 속으로 깊이 들어갈수록 숲 속의 모든 것이 반겨 안아준다. 그럴수록 지금 우리의 생활을 풍요롭게 만들어주는 것이 기계와 기술 때문인가 하는 의문이 든다. 휴대폰과 같이 지금껏 인간이 만든 것들이 정말 인간의 정신을 여유롭고 평화롭게 만들어주었을까. 사람들은 문명과 기술을 계속 발전시키며 더욱 빠르고 편하게 살려고 하지만 정작 사람들은 더욱 힘들고 고달프게 살아가는 것은 아닌가.

간혹 우리보다 문명이 뒤처진 가난한 나라를 여행하다 보면 그들의 느리고 지저분한 삶에 눈살이 찌푸려지기도 한다. 그러나 시간이 지날수록 불편함이 조금씩 사라지고 여유가 찾아온다. 한 잔의 차도 느긋한 마음으로 마실 수 있고, 식사도 충분한 시간을 가지고 여유롭게 할 수 있다.

절물자연휴양림과 이어지는 곳에 다다르니 사람들이 두 갈래 길에서 우왕좌왕하고 있다. 나는 장생이숲길을 택했다.

한바퀴 돌고 나와 양지바른 평상에 앉았다. 배낭에서 〈로마인이야기〉를 꺼내면서는 마음이 설렌다. 다음 장면이 궁금해서다. 좀처럼 열다섯 권씩이나 되는 시리즈는 엄두가 나지 않아 읽지 않는 편인데 이 이야기만은 예외다. 이 책은 시작하면 좀처럼 손에서 놓질 못할 정도로 흥미진진하기 때문이다.

조용하던 평상에 사람들이 몰려들자 얼른 4부까지 읽기를 마치고 '생태숲체험관'으로 갔다. 거실로 들어서자 진한 나무향이 코를 찌른다. 소나무방으로 들어서려다 아름다운 아낙이 책을 보고 있는 편백나무 방으로 갔다. 따끈한 국화차 한 잔을 그녀에게 권했더니, 쌉싸래하고 향긋한 국화 향이 일품이라며 그녀는 수줍게 쑥버무리를 꺼낸다.

시간이 얼마나 흘렀을까, 그녀도 갔고 옆방에서 떠들던 애들 소리도 사라졌다. 한기가 돌아 으스스하고 아무래도 무서워 빠져나왔다.

해가 지고 나면 숲길에는 깊은 평화와 고요가 찾아온다. 숲의 적요는 도대체 우리가 왜 그리도 바쁘고 급한 마음으로 살아야 하는지를 일깨워준다. 우리나라의 전자산업은 세계 최고를 다툴 만큼 앞서가고 있지만 삶의 여유와 편안함은 더욱 멀어져가는 것 같다. 이 세상과 인간을 지배하는 것은 물질이 아니라 마음이다. 아무리 빠르고 훌륭한 기계도 인간에게 마음의 여유와 평화를 줄 수는 없다.

어느새 휴양림 입구에 다다랐다. 버스를 타려고 버스운행표를 보니 버스가 몇 분 간격이 아닌, 몇 시간 간격이다. 다섯 시 반에 있는 버스를 타려면 한 시간 넘게 기다려야 한다. 으슬으슬한 날씨에 날은 어둑어둑해지고 바람까지 세차다. 아무리 느긋해지려 해도 불안하기만 하다. 콜택시를 불렀다.

정확히 6분 후에 도착한 택시 운전기사는 나를 보자마자 씩씩하게 말한다.

"손님, 직선거리로 총알같이 달리겠습니닷!"

택시는 직선의 도로 위를 빠르게 달리고 있었고, 어느새 숲길의 느긋함은 사라지고 없었다.

(2013)

이카루스가 되고 싶다

 분명 봄이건만 마스크와 겨울옷을 벗지 못하고 있다. 황사가 뒤섞인 빗발에다 바람까지 몰아치는 날이 연일 이어지고 있기 때문이다. 어르신들은, 영등할망이 서북계절풍을 몰고 와 머무는 음력 이월 초순부터 보름 동안은 각오해야 한다며 의연하다. 그나마 올봄에는 영등할망이 며느리 대신 딸을 데리고 와서 그나마 다행이다. 영등할망은 제주에 있는 동안 갖가지 곡식과 미역, 전복 씨앗을 뿌리고 풍어를 기원하며 홀연히 떠난다.
 대상포진을 심하게 앓느라 봄이 오는 줄도 모르고 있다가 어느 날 벚나무의 꽃망울을 보았다. 점심식사를 마치고 동료의 권에 못 이겨 터덕터덕 걷던 중이었다. 우연히 벚나무에 촘촘히 솟은 콩알만 한 고것들을 보는 순간 가슴이 마구 뛰면서 어둡던 마음에 등불이 환히 켜진다. 그토록 매섭던 날씨였는데도 너희들은 생명을 재촉하고 있었구나.

　구름 한 점 없는 푸른 하늘에 찬란한 아침햇살이 찾아드는 숲길을 걸어보라. 온갖 나뭇잎들의 부드러운 속삭임과 들꽃은 반가움의 미소를 짓는다. 새들은 무엇인가 이야기를 하면서 재잘대고, 나무들은 서로 도란대면서 희망의 부푼 꿈을 도란거린다. 숲에서 시인은 시를 쓰고 음악인은 노래로, 화가는 그림으로 느낌과 정서를 담아준다. 숲은 예술의 전당이자 삶의 안락한 쉼터다.

　숲을 걸으면 마음이 상쾌해진다. 나는 '숲의 여인'이 되어 마음이 설렌다. 숲 속의 여인은 천사가 되고 또 육신이 병든 자를 위한 여신이 된다. 산에는 도심에서는 누릴 수 없는 맑은 물과 공기가 무제한으로 존재한다.

　개나리꽃도 담장을 따라 눈부시게 피어있다. 우주만물이 약동하는 봄이건만 나 혼자 생기를 잃어 시름시름 시들어가고 있었던 것이다. 봄기운을 온몸으로 받아들이다가 시급히 처리해야 할 사안이 생각나 서둘러 사무실로 돌아왔다.

　일을 채 마무리하기도 전에 장학자료를 심사할 외부손님들이 벌써 얼굴을 내밀기 시작한다. 심사가 끝나니 어느새 워크숍 시작 시간이 임박해있다. 이번엔 육지에서 온 교수를 모시고 연구 관련 워크숍이 열리는 대강당으로 부랴부랴 갔는데 삼백의 좌석이 모자랄 정도로 꽉 차 있다. 이곳 열기가 놀랍다는 강사의 표정과 목소리에선 꽃이 몽글몽글 피어나고 있다. 교원들이 이렇듯 자발적으로 몰려드니까 제주 학력이 전국 1위를 차지하는 것 아니냐면서 부러운 눈치다.

집으로 돌아오는 길에 휴대폰에서는 어디선가 계속 전화와 문자가 왔다. '오늘 원고마감일 잊지 않으셨죠?' '아뿔싸, 까맣게 잊고 있었네요.' 집에 들어오자마자 컴퓨터부터 켜고 앉았다. 글감이 떠오르지 않는다. 머리를 쥐어짜내느라 한껏 애써 보아도 마찬가지다. 좋은 글감을 찾으려 애쓰지 말고 생각나는 대로 무작정 써내려가 보자. 그러노라면 무슨 줄거리가 잡혀나가겠지.

시작이 반이라고, 글을 쓰다 보니 금세 서너 쪽을 넘기고 있다. 하지만 분량이 많으면 뭐하나. 글이 천방지축 이리저리 튀면서 좀처럼 모아지질 않고 있다. 갑자기 자신의 모습이 우습고 측은해진다. 글을 쓸 재목이 되지도 못하면서 원고청탁이 오면 마냥 끌려가는 모습에 자괴감이 든다.

밤낮없이 버둥거리며 찌들어 사는 내 신세가 처량하기 그지없어 동생에게 전화로 푸념을 했다. 위로는커녕 질책이 쏟아진다. "그럼 다 내려놔! 여태 왜 직장에는 사표도 안내고 있는 건데? 나는 날마다 좋은 세월이구만." 동생이 부럽다. 그녀는 번듯한 직장을 일찌감치 그만두고 취미활동이나 하면서 멋지게 살고 있다. 자신이 진정 좋아하는 일이 있으면 직업이 아닌 취미로 즐기라는 말이 맞는 것 같다.

답답한 심정으로 카카오톡을 열었다. 마침 혼자 남매를 키우고 있는 친구의 영상물이 올라와 있기에 몇 자 답장을 보낸다. '너와 달리 난 음울하게 가라앉은 날이 벌써 몇 달째야. 모두 정리하고 이제 그만 자유로워질까.' 곧장 답장이 날아온다. '복에 거운 소리 작작해라!'

까닭 모를 공허함이 밀려든다. 이 세상 어디에도 나를 이해해주는 사람은 없는 것 같다. 얼마 전에 어긋난 인간관계까지 생각나서 너무나 고통스럽다.

고통은 가슴 밑바닥에 찰싹 눌어붙어 있음인지 떠날 기미가 없다. 마음속 고통은 밀려갔다 밀려오는 파도 같은 것일 테니 이제 곧 지나가리라고 마음 먹어본다. 이 시련을 넘기면 굳건해져 남은 삶이 소중해질 거라고, 숨겨 놓은 진주들이 빛을 발하게 될 날이 조만간 올 거라고 마음 먹어봐도 마찬가지다.

아침에 일어나면 눈이 충혈 되어 있고 두통이 심해서 며칠 전에는 다른 병원엘 갔다. 이리저리 진찰을 하던 의사가 과도한 정신적 스트레스나 과중한 일에 쫓기는 것 아니냐고 묻는다. 누구를 위한 삶이냐고 하면서 이제부터라도 자신이 진정 좋아하는 것을 찾아서 홀가분하게 살라고 조언한다.

어쩌면 자유로운 삶은 홀가분함일지 모른다. 그래선지 여러 가지 방법을 통해서 마음을 닦고 비우고자 노력하는 사람들이 늘고 있다. 사람이 살아가는 데 있어 가장 중요한 것 중의 하나가 마음을 다스리는 일인지 모른다. 마음을 어떻게 먹느냐에 따라 천국과 지옥사이를 오갈 수 있을 것이다. 예전과 달리 지금은 눈에서 멀어지면 마음에서 멀어진다는 말도 통하지 않는 세상이 되었다. 어디에 있더라도 마음거리는 얼마든지 가까워질 수 있다.

스마트폰이 울린다. 아까 그 친구다. 좀 전에 자기의 핀잔 때문에 앵돌아졌냐며 말을 잇는다. 그래도 너는 글 쓰는 취미가 있으니 오죽 좋겠냐고 한다. 나는 지금껏 내 취미가 글쓰기라고는 생각해 본 적이 없다.

내 취미는 그렇다면 뭘까. 내가 뭘 좋아하는지, 어떤 것이 내 삶에 활력이 되고 있는지 알면 보일 텐데 그게 좀처럼 보이지 않는다. '취미란'이 나올 때면 딱히 쓸 게 없어서 '여행'이라고 채우기도 하지만 그건 취미라고 할 수 없을 것 같다. 내가 답답하고 할 일이 없으면 어딘가로 떠난다는 것은 당연한 일이 아닌가. 내가 원하는 자유는 무엇을 마음대로 먹고 입고 사는 것을 의미하는 것이 아니다. 나의 일상과 일과 사람들의 속박과 굴레로부터 떠나 마음껏 나의 시간을 갖고자 하는 것이다.

나만의 자유, 이 갑갑한 일상으로부터 탈주해서 나만의 특별함을 위해서 시간을 가진다는 것이 이렇게 힘든 일인 것인가. 이카루스와 같이 하늘을 날다가 바다에 떨어지는 일이 있더라도 저 하늘과 바다의 어딘가로 훨훨 날아가고 싶다.

(2013)

내 마음의 뜨락

전원주택을 새로 마련한 N 시인이 요가 동료들을 초대했다. 모두 소풍을 나온 듯 즐겁게 담소를 나누면서 가을바람 속을 지나 명도암에 자리한 교외 주택에 들어섰다.

어느새 초겨울로 들어서는 바람은 제법 매섭고 사나웠지만 새롭게 단장된 집의 정원과 텃밭은 풍요로움과 여유로움이 가득했다. 전원 마을 집집마다의 항아리들이며 현무암들은 빼어난 예술품인 양 자리 잡고 있었다. 들판 여기저기에서는 축복과 같은 연무가 피어오르고 있었고, 마당에서 씨앗과 야채들에 비닐을 씌우고 있는 이웃집 아저씨의 모습은 행복해 보였다.

삭풍이 불고 눈이 내리기 시작하면 모두 겨울잠을 자야 할 때다. 그동안 봄부터 가을까지 밤마다 하늘 가득 별꽃을 피우면서 마당을 밝혀주던 뜨락도 겨울잠 채비에 들어갈 것이다. 모두 찬란한 새봄을 맞이하기 위한 준비이리라.

　바람이 부는 뜨락에서는 낙엽이 어지러이 날아다니고 마을의 어느 집에선가는 낙엽을 태우고 있다. 낙엽을 태우는 매캐한 냄새에서는 언제나 아련한 고향 냄새가 난다. 연기는 고향을 찾아 바람을 타고 스물스물 어디론가 퍼져나가고 있다. 질화로에서 피어오르던 연기에 콜콜거리면서도 연신 바람을 후후 불어넣으시며 우리 손을 따뜻이 녹여주시던 할머니, 뜨거운 고구마를 솥에서 꺼내 호호 불어가며 우리 입에 넣어주시던 어머니, 그분들은 지금쯤 어디에서 나를 지켜보고 계실까. 자정이 되어 전기가 나가버리면 깜박거리는 호롱불 밑에 둘러앉아 도란도란 얘기를 주고받던 가족들은 이제 모두 뿔뿔이 흩어졌다.

　아직 가을은 찬란한 단풍으로 눈부시지만 내 마음속 계절은 찬란한 가을이 아니다. 한라산의 아름다운 단풍도 달력 속의 단풍같이 시들해 보인다. 어두운 골목길의 가로등 등불이 깜빡이듯이 가을의 나뭇잎은 바람 속에서 힘없이 떨어지고 있다.

　시골의 담장마다에는 피라칸사스 열매가 빨갛게 수놓고 있지만 윤기가 많이 가시고 유독 생채기투성이인 가시만 도드라져 보인다. 마치 누군가 나를 가시로 찔러 생채기가 난 것처럼. 식물들도 고난을 겪었는지 색깔이 곱지 않다. 인간에게든 식물에게든 시련은 예고 없이 들이닥치는가 보다.

　잘 삭혀야 기름진 거름이 되고, 잘 곰삭은 두엄이 좋은 효소로

될 수 있을 거라고 위안을 삼아 보지만, 때로 거침없이 다가오는 역경을 이겨내기란 여간 힘들지 않다. 다람쥐 쳇바퀴 돌듯 평범한 일상에서 올해는 유독 예상치도 못한 장애물을 여럿 만나 심한 홍역을 치렀다. 건강에 적신호가 켜지면서 고통의 나날이 일 년 내내 지속됐고, 삶에 대한 회의와 좌절이 엄습해 왔다. 이 일상의 모든 세속적 공허함과 상실감으로 피폐해진 영혼은 또 무엇으로 소생시킬 것인가.

마당에서 새싹이 돋아나는 것을 바라보거나, 재잘대는 새들의 노랫소리를 듣고 있으면 아직도 가슴 설레던 소녀시절이 되살아난다. 풀잎 이슬에 함초롬 적시던 이상과 순수함, 꿈과 동경은 자꾸만 사라져 가고 있다. 서글픈 이 시대를 역류하며 비웃기라도 하듯, 아직 가슴에 살아남아 울렁이는 서정과 전율은 갈 곳을 잃었다. 늘 푸른 나무와 같은 생명의 기쁨과 푸름을 바라보며 살아갈 수는 없는 것인가.

나무에게는 나이테가 있다. 나이테는 스스로의 살아온 삶의 여정이고 연륜이다. 사람도 나이테를 지닌다. 나무는 나이테의 속살을 있는 대로 다 보여주지만 나는 나이테를 지우기 위해 날마다 거울 앞에서 화장을 한다. 때론 강렬하게 때론 쓸쓸하게 나를 바라보는 거울은 밝은 햇살 아래에서도 어둠처럼 적요하다. 그 적요함을 깨는 건 어둠 속에서도 밝게 피어나고 있는 나만의 예쁜 뜨락이 있어서이다. 꽃과 나무와 새들이 발을 적시며 환히 웃음 짓고 별들이 쏟아져 내리는 연둣빛 뜨락. 연둣빛은 긴 겨울잠을 자다가 깨어난 후 비로소 탄생하게 되는 생명의 빛깔이다. 혹독하고 암울한 겨울을 잘 이겨낸 생명의 색. 이 세속의 모든 것에서 해방된 채 세상의 모든 꽃들이 피어나고 지는 것을 바라볼 수 있는 연둣빛 뜨락은 풍요롭다.

겨울에도 꽃은 핀다. 환희가 담겨 있든 고뇌가 담겨 있든 꽃은 인생을 보여 주는 고귀한 생명체다. 흔적 없이 사라질지도 모르는 여정에서도 꽃은 제모습을 지니며 필 것이다. 가을의 풍요롭던 풍경이 숨어버린 겨울에도 저 들판 어디에선가 꽃은 피어 있다.

벌들이 보랏빛 구절초 무더기 사이를 윙윙거리며 사랑의 밀어를 속삭이고 있다. 늦가을의 삭막해진 들판에서도 벌들은 자유로운 영혼을 찾듯 은은한 꽃향기를 찾아 헤맨다.

N 시인 집 뜨락에서는 찬바람 속에서 피어나는 꽃들과 그 사이를 분주하게 날아다니는 벌들이 더욱 아름답고 눈부시게 느껴진다. 이 뜨락에서는 꽃이 거짓으로 피지 않듯 벌들도 거짓으로 꽃들에게 다가가지 않는다. 꽃과 벌들을 바라보는 시인 부부와 일행들의 눈에도 행복이 넘쳐 나고 있다.

(2013)

색채를 위한 사유

 폴란드의 크지슈토프 키에슬로프스키가 연출하고 프랑스 배우 줄리엣 비노쉬가 주연한 영화 〈세 가지 색〉은 여러 가지 면에서 화제를 끈 영화였다. 여기서 세 가지 색이란 프랑스 국기에 쓰인 색을 뜻한다. 블루는 자유를, 화이트는 평등을, 레드는 박애를 상징하였다. 자유, 평등, 박애는 너무나 유명한 역사적 개념들이며, 인간은 누구나 자유롭고 평등하며 박애로워야 한다는 것은 오늘날까지 변치 않는 영원한 이상이다. 그러나 영화 〈세 가지 색〉에서는 이런 정치적·이념적 색깔의 의미가 등장하지는 않는다. 영화 〈세 가지 색-블루/자유〉가 우리에게 보여주고자 하는 블루라는 색깔은 개인의 자유, 삶 자체의 자유였다.
 성탄일 전에 출판하기로 된 책이 이틀 전까지도 오지 않았다. 혹시나 해서 볼 일도 미루고 일찍 집으로 달려왔지만 소식이 없다.

내일은 토요일이고 모레는 크리스마스라 자칫하면 연말을 넘길 판이다. 문득 택배 폭주 물량 속에서 덩치가 큰 물건들은 뒤로 밀려나고 있는 게 아닐까 하는 생각에 늦은 시각이었지만 출판사에 전화를 걸었다. 잠시 후에 전화가 왔는데 제주에 책들이 이미 도착해 있으니 내일은 꼭 받아볼 수 있을 거라며 받는 즉시 메시지를 넣어달라고 부탁한다.

다음날 마침내 책이 집에 도착했다는 소식을 듣고 퇴근 후의 중요한 만남도 뒤로하고 부랴부랴 급히 집으로 달려왔다. 현관에 들어서면서 아들한테 물었다.

"책 잘 나왔디?" "잘 나왔겠죠 뭐." 아이는 컴퓨터에 매달려 태연 무심하게 대답한다. 옷 갈아입을 사이도 없이 우선 책 박스 포장부터 뜯었다.

이럴 수가! 표지화 색깔이 왜 이래? 머릿속에 그리던 투명한 레드와인색과는 한참 거리가 멀어 이만저만 실망이 아니다. 맑은 색이 깔려야 그 위로 연무煙霧가 피어올라 '노루의 눈물'이 뜻하는 바를 상징적으로 나타낼 수 있겠는데 바탕색이 거무죽죽하니까 연무 형체인지 뭔지 숫제 모르겠다. 내 딴에는 제목에 걸맞게 온갖 욕망과 편견과 이기 속에서 고요를 잃어버린 혼탁하고 요란한 세상을 형상화하고 싶었던 것이다. 하지만 책의 표지를 보는 순간 이런 의도는 다 사라지고 만 것 같아 맥이 풀리면서 화가 치밀었다. 출판사에 전화를 걸어 당장 따지고 싶었지만 한 템포만 늦추자고 애써 진정시키고 있을 때 아들이 난데없이 내 방으로 들어왔다. 조금 전의 무심함이 미안했던지 《노루의 눈물》 책 머리글이 좋고, 특히 책표지가 더 좋다고 너스레를 떤다.

출판사 사장한테서 전화가 왔다. 책이 맘에 드셨으면 좋겠다는 말끝에 내가 표지의 색깔을 꼬집었더니, 지금보다 밝으면 자칫 핏빛이 되어버리기 십상이기 때문에 이 색깔을 만들려고 어지간히 시행착오도 겪었단다. 사장의 진정어린 목소리를 듣는 동안 마음이 진정되어 갔다.

책을 제출할 날짜에 문화예술진흥기금을 받은 제주문화예술재단에 들렀더니, 담당 여직원이 "어머, 책 표지 색깔도 멋있고 책이 전체적으로 참 예쁘게 잘 만들어졌네요." 한다. 내심 고맙긴 했으나 여전히 반신반의하는 마음이 가시지는 않았다.

다음날, 책장을 넘기다가 얼굴이 화끈거려 책을 탁 덮어버렸다. 분명 글을 쓸 당시에는 신바람 나게 잘 써졌던 글이었고 문제가 없어보였는데 어찌된 영문인지 모르겠다. 그때는 나만의 착각 속에서 허상에 사로잡혀 있었단 말인가. 분명한 것은 진정 부끄러워지는 이 보잘것없는 글들이 남의 눈에 비쳐질 내 진짜 글일 거라는 점이다.

세상에 내놓기가 부끄러워 박스 포장도 뜯지 않은 채 스무 날 남짓 묵혀두고 있었다. 그러던 어느 날 기자한테서 신문에 기사가 실렸다는 전화가 왔다. 그때부터 지인들로부터 성화스럽게 연락이 왔다.

할 수 없이 책을 보내기 위해 책머리에 서명을 하고 주소를 적어 부치느라 일주일 내내 야단법석을 부렸다. 마침내 책을 받아 본 사람들의 반응이 속속 전화로 메일로 왔다. 이 세상에 평화를 가져오게 하기 위한 색으로는 블루가 좋다는 사람, 혼탁하고 요란한 세상을 보여주기 위해서는 레드가 좋다는 사람, 선과 악을 선명하게 표현하기 위해서는 화이트가 좋다는 사람, 제각각이다.

〈세 가지 색 - 블루/자유〉는 영화의 시작부터 반짝거리는 푸른 모빌의 인상적인 색깔로 시작된다. 화면을 가득 채우고 있는 블루는 '슬픔'의 색이었다. 여주인공은 남편과 딸을 사고로 보내고 남편의 모든 것을 없애고 집을 떠난다. 푸른색은 항상 생동과 희망을 상징하는 색으로 알고 있었지만 이때 블루는 온통 슬픔의 색채이다. 영화가 진행되면서 여주인공은 남편의 친구를 돕고 남편의 아이를 밴 애인까지 돌봐준다. 그리고 마지막에 푸른 빛 속에서 남편의 친구와 사랑에 빠진다. 이때의 블루는 진정한 '자유'의 색으로 다가온다.

사람들마다 각각 좋아하는 물건이 다르듯이 좋아하는 색깔도 다르고, 물체를 보고 표현하는 색깔도 모두 다르다. 색채의 마술사로 불리는 마르크 샤갈은, 사람은 색채로 사유하고 색채로 은유한다고 한 적이 있다. 나는 슬픔을 어떤 색깔로 표현하고자 하며, 자유의 표현은 어떤 색으로 하고자 하는 것일까. 또한 욕망과 편견과 이기가 난무하는 이 사회에 대한 구원을 위해 ≪노루의 눈물≫에서 표현하고자 한 나의 색깔은 어떠한 것이었을까. 처음에는 마음에 들지 않던 표지화의 색깔이 자꾸 들여다볼수록 내 마음을 어느 정도 표현한 듯해서 조금은 위안이 된다.

(2012)

인생은 아름다워라

 퇴임한 인사들이 많은 모임에서 술이 몇 순배 돌자 다들 취기가 올랐다. 어느 선배가 불쑥 일어서더니 막걸리를 소리 내어 마신 후, 후배들에게 일갈한다. "어이, 잘난 후배들. 하는 짓거리가 완전히 개미 같은 것들이 우릴 감히 따돌려? 힘 있는 사람한테만 붙으젱 말앙. 우리 하잘것없는 사람한테도 눈길 주멍 살아게."

 느닷없는 선배의 격앙된 말투에 몇몇이 불 끄기에 나섰다. "선배님, 진정허십서게. 우리가 언제 선배님들을 나무랐다고 경행수가게. 게므로사 우리가 경 헐 사람덜이우꽈아? 이 잔 받고 노여움 푸십서."

 이번엔 선비 소리를 듣는 선배가 일어났다. "너무 고깝게 듣지덜랑 말게. 말이 나온 김에 나도 한마디함세…." 그가 후배들에게 느낀 감정을 마구 쏟아내자 내 옆에 앉은 여선배가 씁쓸한 표정으로 내뱉는다. "무슨 징조여 징조. 가슴 벌렁하게 왜들 저렇지? 나이 들어가면 하찮은 것에도 앵돌아지긴하나 대체 저 무슨 망령 난 짓들이고."

여기저기 어수선해질 즈음, 노익장을 과시하는 또 다른 선배가 일어서며 분위기를 제압한다. "자, 자. 늙은이들일랑 그만들 날뛰게나. 이 좋은 자리에서 왜들 그러는가. 눈 맞은 배추에 자리돔 젓갈을 얹어 몸국을 뜨끈하게 먹으면서 후배들에게 이모작 준비나 잘하라고 일러줌세."

그러자 기다렸다는 듯 화제는 금세 인생 이모작으로 바뀐다. 이어 여기저기서 깔깔거리며 웃는 소리로 왁자하다. "나한테 살쪘다고 하지 마라. 내 다리가 삭정이 나뭇가지처럼 되기 전에 아프리카에 가서 봉사하다 올 몸이니까." "난 빨리 명퇴해서 황톳집이나 짓고 손자들이랑 오순도순 살아야지." "난 비자금을 많이 챙겨뒀다가 동남아에 가서 골프나 실컷 칠래." "난 있는 돈 다 털어서 우리 각시 데리고 세계 일주나 하려고." "잘함세. 각시한테 잘해둬야지, 나 좀 보게나. 각시가 저 세상으로 가버리니까 사람 사는 게 아니야."

어느새 화제는 죽음에 대한 얘기로 접어든다. 누가 심장마비로 죽었다더라, 누구의 장례식에 갔더니 조문객이 없더라, 누구는 치매가 갑자기 심해져서 가족도 알아보지 못하더라 등등 온통 병과 죽음에 대한 얘기가 대세를 이룬다. 아름다운 죽음 얘기보다는 모두가 안타깝고 아쉬운 이야기가 많다. 정년을 맞고 노년의 삶을 영위하는 사람들에게 삶보다는 죽음이 더욱 절박한 화제가 될 수밖에 없다.

그래서인지 최근 들어 웰다잉(well-dying) 준비를 위한 강좌가 곳곳에서 열리고 있으며 사회·문화 일각에서는 죽음에 대한 고민의 필요성을 느끼며 죽음에 대한 성찰을 삶의 중요한 화두로 인식하기 시작했다. 왜 죽음을 이야기하는가? 사람은 자신이 살아오던 방식대로 죽음의 순간을 맞이하기 때문에 결국 죽음을 잘 이해해야 삶을 잘살 수 있을 것이다. 우리가 죽음을 두려워하는 것은 결국 스스로가 죽음을 두려운 것으로 인식하기 때문이다. 인간은 태어날 때 죽음을 잉태하고 태어나기 때문에 죽음은 인간의 적이 아니라 친구이자 삶의 일부로 인정해야 할 것이 아닌가. 따라서 죽음은 밖에서 다가오는 것이 아니라 내 안에서 자라다가 마침내 성숙해져 삶을 완성시키는 마지막 단계 아닐까.

우리네 한평생이란 바다 속 물고기들과 같지 않을까 한다. 저 바다의 물고기들은 일생을 피곤하게 지낼 듯하다. 수시로 파도가 와서 흔들고 지나가고 힘센 고기가 와서 잡아먹으려 달려드니 말이다. 깊은 바다 속에 홀로 살면 아무런 미동도 없을 것 같지만 바다는 물고기를 점점 더, 그리고 조금씩 조금씩 깊은 바다로 들여놓는다. 마찬가지로 우리들도 백세 장수 시대에 제 인생 제가 책임지며 홀로 살아가는 솔로 연습도 하며 살아야 할 듯하다. 〈고잉 솔로〉라는 책이 꾸준히 팔리는 것도 다들 공감하기 때문이 아닐까. 인생이라는 책의 '부록'으로나 끼워 넣을 불혹의 나이가 되고 말았다며 호들갑을 떨던 때가 엊그제인데 그새 이십년 세월이 훌쩍 흘러버렸다. 앞으로의 이십 년은 더 빨라질 것이라 생각하니 세월은 무상하고 야속하다.

"만약 당신이 다시 태어나 인생을 산다면 지금과는 어떻게 다른 삶을 살고 싶은가?" 하고 누군가 질문을 던진다면 나는 어떻게 대답할 것인가. 수많은 답변들이 머릿속을 맴돈다. 그러나 한 가지 분명한 답변은 삶의 의미가 무엇인지를 물어보고 나의 삶에 무엇이 얼마나 남아 있는지를 되돌아보면서 인생을 살겠다는 것이다. 나의 삶이 이 세상에 주어졌다는 사실 자체가 벌써 생의 긍정이 아니었는가. 내가 존재하게 되었다는 사실, 현재의 삶을 누리고 있다는 현실 자체가 이미 나의 생에 대한 긍정이다. 낮에 일을 하고 저녁에 해가 지는 일, 봄에 씨를 뿌리고 가을에 거두는 일, 이웃들과 더불어 담소하며 삶을 즐기는 일, 이 세상을 사랑하고 함께할 수 있는 모든 일들이 모두 삶을 긍정하는 일이 아닌가. 그러나 사람들은 항상 삶이 허전하고 아쉽기만 하다. 그래서 현재 이후의 새로운 삶을 꿈꾼다.

사람들과 헤어지면서 바라보는 하늘엔 어느새 어둠이 가득하다. 어둠 속에서 하늘 가득 떠 있던 뭇별들 속에서 유난히 푸른 별 하나가 아직도 남아 나를 바라보고 있다. 어둠 속에서도 인생은 찬란하게 아름답다.

(2013)

2부
꽃은 그냥 피지 않았다

산을 오르며 | 야생화 연정 | 매화를 따며
알바트로스의 비상 | 순천만 갈대 | 착각은 자유다
입맛 | 주디의 편지 | 꽃은 그냥 피지 않았다 | 저무는 태양을 바라보며

산을 오르며

요즘 주말이 되면 주요한 일과의 하나는 산에 가는 일이다. 이런 저런 일을 제쳐두고 무조건 산으로 달려간다. 산을 오르면서 매번 산행이 인생의 다른 모습이라는 생각을 하게 된다.

산행에서 한 발자국 한 발자국 옮겨 걸으면서 자신의 인내심을 시험한다. 힘들게 땀 흘리며 산을 오르는 동안 비로소 생생하게 살아 있다는 것을 느낀다. 숨은 턱까지 차오르고 어깨를 짓누르는 작은 배낭은 천근만근이다. 도대체 왜 이렇게 힘든 산행을 하고 있는가 하는 의문이 먼 산 아래 구름처럼 피어오른다.

오늘도 나 자신의 삶의 무게를 지고 산을 오른다. 더는 오를 수 없는 봉우리에 주저앉아 흐르는 땀을 씻고 있으면, 산은 내 삶의 무거운 짐을 받아 저기 저 능선에 걸쳐준다. 산꽃 들꽃들 가득 안고 있는 능선들은 부드럽고 융융한 품을 만들어 내 모든 아픔을 다

받아준다.

　턱까지 차오른 숨을 고르기 위해 잠깐 바위에 올라서면 저 멀리 발아래 보이는 세상은 너무나 작게 보인다. 힘든 시간을 견뎌내며 산길을 오르내리면서 지나간 인생길을 되돌아본다. 반드시 높은 산에 올라야 세상과 자연의 이치를 알 수 있는 것은 아니겠지만 산은 오를수록 이 세상과 자연의 깊고 오묘한 진리를 보여주는 듯하다. 산의 정상에 도달하면 꼭대기에 올랐다는 희열보다는 자연의 위대함 속에 인간이 얼마나 하찮은 존재인가 하는 생각이 든다.

　언젠가 한라산에 오르며 지나치게 빠른 걸음으로 걷다가 실족하여 발목을 크게 다쳤고, 그로 인해 오랫동안 산행을 못한 적도 있었다. 산은 인간의 교만을 용서치 않는다. 인간과 같이 미약한 존재가 산과 자연을 가볍게 보고 무례하게 덤비면 반드시 벌을 내린다.

　산이 인간의 전유물도 아닌데 어찌 인간은 산을 함부로 취급하는가. 멋대로 입구와 출구를 만들고 입장료를 받는다. 산을 오를 때 또 하나 언짢은 일은 곳곳에 붙어있는 '자연보호'라는 글귀이다. 인간은 바위에 자신의 이름을 새겨놓거나 철탑을 마구 건설하면서 자연을 보호하자는 구호를 내건다. 산을 정복하겠다는 혹은 정복했다는 인간의 교만은 정말 어리석고 우스꽝스러운 일이다. 어떻게 인간이 산과 자연을 정복할 수 있을 것인가. 산에 잠시 오를 뿐이지 산을 어떻게 정복하겠는가. 자연에 대해서도 마찬가지다. 인간은 자연을 정복의 대상으로 생각하기 때문에 닥치는 대로 파헤치고 개발해서 자신의 것으로 만들고자 한다. 어머니의 품과 같은 산과 자연이 없다면 인간이 어찌 존재할 수 있을까.

산은 인간과 같이 남을 속일 줄도 모르고 주변의 모든 것을 사랑해야 한다는 넉넉하고 풍요로운 마음을 보여준다. 산은 먼저 자신의 넉넉함과 풍요로움으로 인간에게 모든 것을 나누어 준다. 짙푸른 산과 들은 언제 보아도 풍요로움 그 자체다. 이 세상의 무엇이 이들보다 더 넉넉하고 평안할 수 있을까.

원시시대의 수렵기부터 인간들은 산에서 각종 식물의 열매로 양식을 장만했고, 동물을 사냥해서 굶주린 배를 채웠다. 오랜 세월 동안 정치적 또는 종교적으로 탄압받던 자들과 세상을 등진 은둔자들이 산을 도피처로 이용했다. 그래서 산은 신을 갈망하던 자들에게 신을 보여주었고, 굶주린 인간들에게 양식을 주었고, 탄압받던 자들에게 자유를 베풀어 주었다. 산의 넉넉함으로부터 인간과 세상과 사회로부터 배우지 못한 사랑을 배우게 된다.

산에 오르면 내가 얼마나 부족한 존재인지를 느끼게 된다. 산의 우뚝 솟아 오른 큰 바위는 나의 교만한 마음을 꾸짖는다. 보잘것없는 지식으로 잘난 척이나 하고 헛된 재산과 명예로 군림하고자 한 것은 아닌지 야단친다. 전체를 보지 못하고 사소한 부분에 매달려 남을 미워했다는 것을 깨닫게 한다. 산 위에서 전개되는 웅장한 풍경을 바라보며, 나의 부족함과 모자람을 다시 한 번 되돌아보게 된다. 산꼭대기에서 복닥거리는 세상을 내려다보면 사람들이 집착하는 명예도 사라지고 부의 축적에 따른 구분도 다 사라진다. 나를 억누르던 중압감도 모두 잔돌이 되어 저 계곡 아래로 흘러가 버린다.

이승의 모든 그리움과 서러움을 지고 산을 오른다. 겹겹이 쌓인 봉우리에 기대어 세상의 모든 서러움을 벗으면, 산은 내 서러움의 짐을 받아 계곡 맑은 물로 깨끗이 씻어준다. 인적 드문 산길은 유난히 호젓하다. 이따금 산길은 지상에서 영원으로, 이승에서 저승으로 이어지는 길인 듯하다. 어느 철학자는 길은 떠나기 위해서 존재하는 것이 아니고 돌아오기 위해서 존재한다고 했던가. 그러나 지금 내가 걷고 있는 이 길은 다시 돌아오기 위한 길이 아니다. 지금 눈앞에서 보이는 멋지고 아름다운 풍경도, 다가왔다 멀어지는 고독한 풍경도 이 순간만의 것이다. 돌아가는 길은 다른 길이 예정되어 있고 내일은 다른 모습으로 변할지도 모른다. 길도 풍경도 영원한 것은 없다. 그래서 이 순간의 산길을 나는 경건하고 엄숙히 걸어간다.

산은 제각각 다른 모습을 하고 있다. 결코 같은 모습을 한 산은 없다. 산의 모습들은 다양한 모습을 보여주면서 하나하나의 개성 있는 풍경을 보여준다. 외양은 비슷한 듯 보여도 안을 들어가 보면 골짜기도 숲도 능선도 제각각이지만 조화를 이루고 있다.

우리 인간들도 서로 다른 모습과 개성을 존중하면서 살아간다면 이 세상은 얼마나 평화롭고 조화로운 곳이 될까. 나와 너, 빛과 어둠, 선과 악과 같은 대립과 분열이 모두 인간의 집착에서 비롯되는 것이다. 산에서는 인간의 모든 집착과 욕망이 모두 녹아내려 하나가 된다. 하나의 길이 되고 숲이 되고 능선이 된다.

  오늘도 산에 다녀오고 나니 마음은 즐겁고 편안하다. 단순히 신체적 운동을 했기 때문만은 아닐 것이다. 산에는 내가 어디에서도 쉽게 배우지 못하는 높은 덕과 커다란 진리가 담겨 있다.

(2012)

야생화 연정

 봄기운이 완연하여 가벼운 옷차림으로 집을 나섰다. 통근버스 차창 밖 풍경이 그 사이에 사뭇 달라져 있다. 3월말에 큰딸 결혼식 참석차 일주일 가량 호주에 다녀왔을 뿐인데 길가의 온갖 나무들이 꽃망울을 터뜨렸고 산자락에서도 나무들이 긴 잠에서 깨어나 저마다 연초록 색깔로 화려한 한 폭의 유채화를 그려내고 있다.
 탐라교육원 종점에서 내려 연구원으로 가던 중, 하이힐을 신은 발 한쪽이 삐끗하여 하마터면 길가의 잔설 위에 나동그라질 뻔했다. 맵싸한 봄바람에 스카프를 꺼내어 목에 두르자, 같이 걷던 직원이 눈을 흘기며 말한다. "부장님, 남쪽나라에 갔다 오시더니 여기가 해발 600미터 고지대라는 걸 그새 잊으셨습니까? 여기는 아직도 겨울입니다."
 눈에 미끄러질까 조심하며 발을 내딛고 있는데 저쪽에서 감탄사가 들려온다. "어머, 저기 복수초 좀 보세요. 여긴 노루귀!" 가까이 가보니 하얀 솜털을 달고 있는 조그만 노루귀가 잔설 속에 고개를 내밀고 있다. 꽃샘추위로 매서운 날씨임에도 야생화들은 야무진 꽃을 피우며 강인한 생명력을 과시한다. 아직도 지난겨울의 눈과 얼음이 녹지 않았지만 화사한 꽃을 피우고 있는 것이다.

점심나절, B 연구사와 산책 겸 숲 쪽으로 들어갔더니 큰 나무들로 둘러싸인 아늑한 공터에서 야생화들이 옹기종기 피어나고 있었다. 이상하리만치 바람도 눈도 없는 포근한 세상. "와아, 여기 피어 있는 이 조그만 별꽃과 제비꽃들 보세요, 얘들은 누가 봐주건 말건 이렇게도 꿋꿋하고 예쁘게 핀다니까요." 그 작디작은 꽃들은 가만히 앉아서 자세히 들여다봐야만 꽃술을 겨우 볼 수 있을 정도로 앙증맞다. 꽃잎을 오래 간직하고 싶은 마음에 조심스럽게 따서 말려두고 싶었지만 차마 꽃잎을 딸 수는 없었다.

야생화는 아무리 오래 들여다보고 있어도 질리지 않는 신비한 매력을 지녔다. 어떻게 이런 작은 몸뚱이에서 이토록이나 매혹적인 꽃을 피워 올리는지 알 수가 없다. 어떻게 해마다 잊지 않고 제철이 오면 약속이나 한 듯이 모습을 드러낼 수 있는지…. 추웠던 겨울에는 모두 얼어 죽어버렸을 듯해도 봄비가 내리면 어김없이 올라온다.

봄이 되면 제주의 산과 들과 숲에서는 야생화들의 잔치가 벌어진다. 나비가 날아들고 벌이 유난히 많이 찾아오는 야생화는, 야생 꿀

풀이라 불리기도 한다. 저쪽 구석진 곳에서 유난히 큰 키로 꽃을 피운 바늘엉겅퀴도 나비를 한껏 유혹하고 있다. 아름다운 숲 속에는 금은보화를 쏟아놓은 듯한 각양각색의 야생화들이 활짝 피어있다.

 오름과 숲과 올레길에서 봄 야생화를 만나러 가는 길에 나는 훨훨 춤을 춘다. 찬란한 생명력으로 형형색색 피어난 야생화들. 새끼 손톱보다도 작은 꽃잎들이지만 결코 여리지 않고 오히려 강인함이 배어나온다. 호주에서 보던 크고 화려한 꽃들이 이곳에서는 싱겁게 느껴지고, 작고 은은한 꽃들이 오히려 야물다. 이 야생화들이야말로 문득 우리 선조들과 닮았다는 생각이 든다. 그렇다면 왜 요즘 사람들은 야물지 못하고 자꾸만 연약해져가는 걸까.

 가끔 정상에 올라 성공한 사람이 스스로 목숨을 끊는 일이 있어 사람들을 어리둥절하게 만든다. 세인들은 그를 일컬어 "그 사람은 인생의 최고봉에 올라섰으니까 더 이상 바랄 게 없을 거야"라고 말하지만, 실상 당사자는 그렇지 않은 경우가 많다고 한다. 최고봉에 오를 수 있도록 지탱해준 원동력은 시들어버렸고, 이젠 더 이상 성취욕을 느끼지 못하게 되어버렸기 때문이다.

 사람은 자신이 생각하는 가치가 무너지는 순간, 의욕이 사라지고 상실감에 빠지기 쉽다고 한다. 삶의 의미를 찾지 못하고 허무해져 버리는 것이다. 개인의 불행이나 행복은 어느 누구도 함부로 예단할 수 없다. 아무리 좋은 환경에서 많은 혜택을 누리며 산다고 해도 행복지수는 본인의 마음에 달려 있을 것이다.

삶이 늘 빛나야만 행복한 것도, 축복받은 것도 아니다. 온실에서 철없이 화려하게 피어나 갈채를 받는 꽃도 있지만 살을 에는 추위 속에서도 언 땅을 녹이고 피어나는 꽃도 있다. 야생화는 주목도 갈채도 받지 못하지만 얼음을 헤치고 나와 싹을 틔우고 꽃잎을 피운다. 어떤 시련과 난관이 닥쳐와도 자신의 생존을 결코 포기하지 않는 치열함이 있다.

야생화는 화려함과 지나침도 숨기고 은은한 향기로 우리에게 다가온다. 한 송이 꽃을 피워내기 위해 얼마나 힘든 시간을 외로움 속에서 혼자 보냈을까마는 헐벗고 여린 가슴까지 숨기려는 그 진중함이 뜨겁게 와 닿는다. 길섶에 피어있는 강인한 너에게 따뜻한 연정을 보낸다.

(2012)

매화를 따며

나는 매실나무가 참 좋다. 꽃 이야기만 나와도 나는 맨 먼저 매화를 떠올린다. 매화가 활짝 피어나 매화향기 그득한 사이로 윙윙대는 벌들이 노니는 장면은 생각만으로도 가슴 벅차다. 옛사람들도 달 밝은 밤에 활짝 핀 매화에 빠져 등불을 의지 삼아 누웠으나 잠을 이룰 수 없었다고 했지 않은가. 일찍부터 매화는 지조의 상징으로도 많은 시문에 나타났으며, 일생을 독신으로 매화와 더불어 은거 생활을 한 송나라 시인 임포林逋 이후로 특히 문인들 사이에 애호되었다.

매실나무를 심으면 실용적인 면을 헤아려도 그 유용성이 한둘이 아니다. 해마다 유월이면 매실을 수확하여 그것을 효소로, 과실주로, 장아찌로 만들어 먹을 수 있고, 매실나무 한 그루에 매실이 적잖이 열린다고 하니 여기저기 나누면 오죽 좋겠는가. 밭 한쪽에는 벌통도 놓아둬야지.

　이런 상상을 하며 매실나무 묘목을 구해서 심기로 했다. 그런데 내가 가졌던 환상은 묘목을 보는 순간 여지없이 깨져버리고 말았다. 눈앞에 있는 것은 이파리 하나 달리지 않은 밋밋한 부지깽이. 가늘게 자란 뿌리만 밑에 달려있지 않았다면 여지없는 부지깽이다.

　맨송맨송한 묘목이 아무리 볼품없어도 그나마 밭에 오십 그루를 줄 세워놓으면 그득하게 보일 줄 알았다. 하지만 먼발치에서는 묘목이 있는지 없는지조차 분간도 가지 않는다. 그저 가뭄에 말라빠진 누런 잡풀들이 꼬챙이처럼 삐죽삐죽 서있는 모습 같아 어이가 없다. 어린 묘목을 꽂아놓고 나는 작년에 들렀던 어느 매실농원의 매화를 머리에 그려내고 있었으니 앞서가도 한참 앞서갔던 것이다.

　오랫동안 무관심하게 내동이쳤다가 구랍에 이르러 밭에 가봤다. 아무런 변화 없이 지난번 그대로다. 묘목 어디에서도 싹이 나올 기미는 보이지 않는다. 에스컬레이터를 타고서도 가만히 서 있지 못하고 바쁘게 걸어야 직성이 풀리는 탓에 묘목에서 눈도 보이지 않는 더딤이 답답하기만 하다.

　정월이 되자 묘목이 다 얼어 죽을 만큼 눈이 많이 내렸다. 밭에 가볼까 하다가 진작부터 포기한 채, 맘 편히 지내기로 작정했다.

　그러다 날이 풀리기에 밭으로 향하면서 걱정이 앞선다. 아니나 다를까, 열 그루쯤은 이미 죽어있고 살아있는 녀석들도 겨우 목숨을 이어가고 있었다. 이젠 잎눈이며 꽃눈이 나타나기를 바라는 것은 부질없는 욕심 같다. 그저 단 몇 그루라도 잘 버텨주기만을 바라는 심정으로 돌아왔다.

집에 와서도 말라붙은 듯이 앙상하게 서있는 묘목들이 눈에 아른거린다. 애처롭다. 하필이면 추울 때 낯선 땅에 끌려와 석 달 남짓. 그동안 뿌리를 내리려 오죽이나 안간힘을 썼을까. 눈도 제대로 뜨지 못한 어린 나이라 버텨내기가 여간 어렵지 않았을 것이다. 그에 대한 모든 책임은 나한테 있다. 순전히 주인을 잘못 만난 탓이다.

일전에 어느 모임에서 묘목 말이 나오자 한 조경업자가 "뿌리를 잘 내리뻗게 하려면 봄보다 늦은 가을이 적기입니다." 하고 말하기에 나는 앞뒤 가리지도 않고 급히 서둘러 11월말에 강행하고 말았다. 매실나무에게도 나름대로의 계절에 맞춰진 시계가 있을 것인데 무모하게 일찍 덤벼든 것이다.

이른 봄에는 긴 가뭄으로 땅이 타들어갔다. 밭에 가보니 나오던 싹조차 바삭바삭 말라가고 있었다. 바가지로 수돗물을 나르며 한나절 주고 있는데 지나가던 분이, 이런 날에는 물을 주지 않는 게 차라리 낫다고 일러준다.

참으로 오랜만에 봄비가 내리던 날, 얼마나 감사하는 마음이었는지. 단비는 축복이었고 세례였다. 그 비는 명장 한니발이 부패한 로마제국을 멸망시킬 때 맹세한 비의 신神이었던 바알과 같이 놀라운 존재였다.

며칠 뒤에 한껏 기대를 하면서 밭에 가봤다. 잎눈도 꽃눈도 여전히 피어나지 않고 있었지만 나뭇가지에 생기가 돌고 물오른 게 느껴졌다. 아직 살아있었구나! 그래, 참 기특하다.

그 뒤, 눈이 봉긋 솟아오르면서 망울이 자리를 잡기 시작했고, 그 앙증맞고 푸릇한 곳에서 여린 싹이 수줍게 얼굴을 내밀었다. 조심스럽게 아주 조심스럽게 천천히. 너무도 여리고 보드라워서 살짝이라도 건드리면 상처가 날 것 같다. 아, 생명은 이리도 귀하게 탄생하는 거구나. 애야, 이렇게 살아주어서 정말 고맙다, 너 매실 맞지?

어느 날 우연히 매실나무에 눈이 갔는데 꽃이 쪼르르 피어있지 않은가. 푸른빛을 띤 나무에 달린, 솜털보다 더 보송보송한 연분홍 꽃잎! 이토록 설레고 가슴 저리게 아름다운 꽃은 처음이다. 겨우 세 뼘이 될까 말까한 이 나무 어디에 꽃을 피워낼 힘이 숨어 있었을까.

나는 무릉도원 같던 농원의 매화꽃 무더기를 내려놓은 지 오래다. 안타까운 기다림 없이는 진정한 싹도, 꽃잎도 내게 오지 않는다는 걸 깨우치고 있는 중이다.

꽃을 따려니 손끝이 파르르 떨렸다. 세상에 나오기 위해 혼신을 다하여 피었을 꽃을 내 손으로 따야 하다니. 그러나 아직은 더 키가 자라고 더 굵어져야 하고 더 뿌리를 뻗어야 할 때이기 때문에 꽃을 따내지 않을 수 없다.

매화의 첫 꽃을 따며 기원한다. 너무 일찍 어른인 척하지 말고 시간을 두고 천천히 자라서 부디 튼실한 열매를 맺는 좋은 어머니가 되렴.

(2012)

알바트로스의 비상

 호주에서 뉴질랜드로 가는 비행기 안에서 내려다본 창밖 풍경은 온통 구름밭이었다. 남태평양 망망대해 어디쯤일까. 지상에서는 20층 건물 높이에서만 아래를 봐도 아찔한데 기내 창을 통해서 산하를 내려다보면 왠지 마음이 평안해지면서 나는 지금껏 달려온 시간을 다 접고 아득한 어린 시절로 되돌아가게 된다.
 어렸을 때 '하늘을 날 수 있으면 얼마나 좋을까?' 하고 가끔 생각했다. 하늘 높이 올라가면 이 세상을 한눈에 볼 수 있을 것 같았고, 어서 커서 어른이 빨리 되고도 싶었다. 어른이 되면 누가 가르쳐주지 않아도 의문투성이 문제들을 속 시원히 해결할 수 있을 것 같았기 때문이다.
 하지만 하늘 높이 올라가서도, 중년이 지나서도 세상을 알기는커녕 점점 미로에 빠질 뿐이다. 지상에서 유배당한 시인의 저주받은 운명을, 붙잡힌 해조海鳥로 비유하고 있는 보들레르의 시 〈알바트로스〉가 있다. 이 시에서, 나래를 활짝 펴고 유유히 창공을 날며 표표히 세상을 굽어보아야 할 알바트로스는 어쩌다가 세상 사람들의 야유와 조롱의 대상이 되어버린다. 그리스 신화 속에서 이카루스가 그랬고, 보들레르가 그랬듯이 인간은 밀랍의 날개를 달고, 혹은 알바트로스가 되어 끝없이 하늘을 비상하는 꿈을 꾼다.

뉴질랜드에 도착하면서부터, 이 나라는 천연의 아름다움을 간직하고 있는 나라라는 말이 실감났다. 태곳적부터 존재해 왔던 순수한 자연의 모습이 고스란히 거기 있었고, 포근한 어머니의 품 같은 자연이 그대로 살아있었다.

아름답고 아늑한 자연도 자연이지만 무엇보다도 알바트로스가 보고 싶어졌다. 그 커다란 날개에 몸을 싣고 영화 속 아바타와 같이 하늘과 바다 위를 멋있게 날아다니는 모습은 나를 몹시 설레게 했기에.

세상에서 알바트로스를 만날 수 있는 곳은 뉴질랜드뿐이라는 말이 생각나서 가이드에게 청했더니 이번 여행코스에서는 볼 수 없다고 한다. 아쉬운 마음에 알바트로스가 새겨진 기념품이라도 사고 싶었지만 뉴질랜드 남섬의 도시 크라이스트처치 부근 어느 가게에도 없었다.

여행 기간 동안 계속해서 하늘을 높이 나는 하얀 신비의 새, 알바트로스에만 연연했다. 푸른 물감을 풀어놓은 듯한 맑디맑은 호수를 지나면서도 한 마리 새가 되어 그 위로 커다란 날개를 펄럭이며 날아오르는 꿈을 꾸었다. 그를 이토록 그리워함은 그 어딘가로 달려가고 싶은 마음에서일까.

신화 속 다이달로스는 아들인 이카루스에게 절대로 하늘 높이 날아서는 안 된다고 당부했지만, 나는 이 지상의 모든 억압 속에서 자유를 찾아, 초월을 위해 훨훨 날아가고 싶었다. 나의 꿈은 어디서 멈출 것인가.

지나온 세월을 되돌아보면 까마득하게 너무 멀리 와버렸지만 이제부터라도 자유로운 삶이 있는 세상 속으로 날아가고 싶다. 저 높은 곳에 올라가 여기서 보지 못하고 이루지 못한 꿈을 실현하고 싶다.

그러나 이제는 차마 어릴 적 꾸었던 꿈을 안고 하늘을 날아다니지는 못할 것 같다. 두 발은 이미 내가 살고 있는 이곳에 확실하게 고착되어버렸고, 나는 가정과 사회라는 비좁은 성 안에 갇혀 사는 존재가 되어 있다. 내가 만나는 사람은 물론 행동반경도 거의 고정되어버렸다. 이 세상을 향한 넓은 인식도 전망도 딴 세상의 얘기일 뿐, 오염된 세상에서 온갖 헛된 욕심으로 찌들어가고 있다. 비록 알바트로스를 만나지는 못했지만, 그를 타고 비상하는 꿈을 버리고 싶지는 않다.

한국으로 돌아와 제주공항을 빠져나올 때, 한 무리의 새들이 하늘을 향해 날아가고 있었다. 그 속에서 한 마리의 '알바트로스'가 힘차게 비상하고 있었다.

(2008)

순천만 갈대

동료들과 순천만 자연생태공원을 찾았다. 들판 곳곳에서 무럭무럭 자라나는 농작물에 여름햇살은 사정없이 내리쪼이고, 오두막 초가지붕 위 호박넝쿨은 강으로 뛰어들고자 온몸을 뒤틀고 있다.

순천만 갈대는 자연 그대로의 의연한 모습으로 얼비친 갈대 눈을 예쁘게 뜨면서 우리를 맞아줬다. 바람결에 흔들리면서도 우뚝 서있는 갈대를 마주하면서 제주 억새가 눈에 그려진다.

사람들은 왠지 억새를 불필요한 존재로 여긴다. 그러나 억새는 고통의 긴 겨울을 견디고 봄이 오면 땅을 헤집고 움이 올라온다. 땅을 헤집고 나오는 여린 풀들을 보고 있노라면 안쓰러운 마음이 들 때도 있다. 조물주는 분명 이 세상에 태어나는 모든 생물에게 생존권을 부여했을 것이다. 바람에 흩날리는 억새를 바라보고 있으면, 자신을 만들어준 조물주를 원망하면서 쉽게 뽑히지 않으려고 시위를 하고 아우성을 치는 것 같다.

　조물주는 모든 생물에게 제 나름의 이름을 부여한다. 그런데 워낙 많아서 그런지 잡초 중에는 이름이 없는 무명초들도 많다. 세상에 태어나서 이름도 없이 살다 가는 무명초는 얼마나 쓸쓸하고 서러울까. 잡초들은 때와 장소에 따라 산과 들에서 나타나지만 그 가치도 다르다. 산과 들에 나는 이런 잡초들이 없다면 우리의 산야는 얼마나 삭막할까. 이름 모를 풀과 꽃들은 벌과 나비들에게 먹이를 옮겨주고, 사람들에겐 신선한 공기와 아름다움을 제공해 준다. 쓸모없다고 여기던 잡초 중에는 질병 치료 약재로 사용되는 경우도 많다.

　아무도 돌봐주지 않는 들판에서 세찬 비바람을 견뎌낸 후에 소담스럽게 이삭을 피우는 억새는 제주 사람을 닮아 있다. 고달픈 삶에 휘청대면서도 여유를 지닌 선한 숨결이 있다. 억새꽃은 장미꽃처럼 눈길을 끌지도 않고 이삭마다 따로 놓고 보면 더없이 수수한 존재이면서도 군락을 이루면 새하얀 은빛 물결로 황홀감을 자아낸다.

　억새는 자존과 품격도 지녔다. 혹한에 강한 바람까지 휘몰아칠 때면 숨이 차는 듯 서걱거리면서 쓰러졌다가도, 결코 꺾이지 않고 혼자 힘으로 꼿꼿이 다시 일어선다. 바람에 흩어져 꽃씨를 퍼뜨리는 억새는 한없이 가볍다. 풍화의 운명이 그리 간곡해서 그토록 가벼운 것인가. 억새는 해를 더해갈수록 가벼움에서 무거움을 느끼게 하고 어둠에서 빛을 찾을 수 있게 하는 완숙한 여인네의 모습이다.

　억새와 모양새가 엇비슷한 갈대밭을 지나면서 이들의 생태도 억새와 다르지 않다는 것을 알 수 있었다. 존재의 무게를 극소화시키면서 지난하고 팍팍한 삶을 여유롭고 자유롭게 살아가는 갈대. 갈대밭의 강물은 유유히 흐르고 있었다. 갈대들은 자신의 그림자도 들여다보고 저들끼리 부딪히는 소리에 미소 지으며 어떤 염원을 품은 듯했다.

　선선한 강바람은 잔잔한 물결을 이루며 마음속까지 파고든다. 흐르는 강물 위에 갈대들과 함께 흔들리며 서 있다. 우리 일행을 태우고 순천만 늪지를 운행하는 배는 여유롭게 강물을 헤쳐 나간다. 흐르는 강물에서는 너그러움과 인내, 포용 같은 게 느껴진다. 강 밖의 사물들을 비춰내고 뜨거운 생명력을 식히면서 노래하는 강물. 사근거리며 흐르는 강물의 음조는 갈대들의 울음과 닮아있다. 갈대는 자신의 울음을 안으로 안으로 삼키며 조용히 서 있다. 바람이 심하게 부는 날이면 갈대는 온몸이 흔들리도록 심하게 운다.

　갈대의 모습은 흔들리며 살아가는 나약한 인간의 모습을 닮아있다. 갈대는 흔들릴 때마다 자신을 흔드는 것이 바람이라고 생각하지만 결국은 자신을 흔든 것이 바람이 아니라 자기 자신이라는 것을 알게 된다. 사람들은 바람에 나부끼는 갈대를 사랑할 뿐 그들을 흔드는 내부의 바람은 바라보지 못한다.

　배에서 내리기 직전, 갑자기 세찬 바람이 불어왔다. 사람들이 당황하여 먼저 내리려고 몰려들자 배가 휘청거린다. 모두 마음이 다 급해졌고 나도 덩달아 조급해지면서 뱃전으로 휩쓸려가게 되었다.

그때 저만치서 뱃전에 먼저 도달한 은발의 노신사가 눈에 띈다. 그는 여유롭게 사람들을 앞서 보내고 있다. 품위가 물씬 묻어나는 노신사는 배에서 내리는 손님들을 일일이 잡아주기까지 했다.

내 허둥대는 품새가 부끄러워진다. 물가에서 흔들리던 갈대들도 바람에 휘어졌다가 다시 일어나 묵묵히 서 있는데, 배에서 한걸음 더 빨리 내리려고 팔랑거리는 내 모양새라니. 면구스럽기 짝이 없다.

드넓은 순천만을 떠나오는데 눈부신 햇살 차창 너머로 갈대들이 흔들리며 손짓하고 있었다.

(2012)

착각은 자유다

　무더위가 무르익어 가는 8월, 며칠째 계속되는 폭염과 열대야는 사람들을 산과 바다로 달려가게 한다. 해변의 젊은이들은 저마다 아슬아슬한 수영복 차림으로 한껏 몸매를 자랑하고 있다. 삐쩍 마른 아저씨들이나 출렁거리는 뱃살을 가진 아줌마들이나 반짝이는 바닷물 아래서는 모두가 눈부시다. 뜨거운 햇살은 사정없이 쏟아져 내린다.
　두 번째 수필집 ≪노루의 눈물≫을 출간하고 나서 문학 활동을 같이 하는 동료들과 지인들로부터 찬사와 비평을 함께 들었다. 얼마 뒤, 어느 평론가로부터 날카로운 비평이 담긴 장문의 메일을 받았는데, 지적된 부분을 살펴보면서 어떻게 이런 표현을 했던가 하는 생각에 부끄러웠다. 출판사에 원고를 송고하기 전까지 퇴고를 여러 번 하면서도 눈에 띄지 않았던 잘못들이 눈에 띄었다. 제법

괜찮게 보여 만족해하던 글이었는데 그들은 대체 어디로 사라졌단 말인가. 혼자만의 착각 속에 빠져 허상을 보고 있었음이다.

착각은 곳곳에서 일어난다. 몇 년 전 어느 출판기념회장에서 녹음되었던 내 인사말도 나중에 동영상으로 들어보니 나이 든 할머니의 소리였다. 분명 내 목소리임에도 불구하고 내가 생각하고 있던 목소리가 아니었다. 늙어가는 외모는 어쩔 수 없다지만 목소리만은 아직도 카랑카랑한 줄 알았는데 두 번 다시 듣고 싶지 않은 그런 소리였다.

음향학 원리에 의하면, 자신의 목소리는 두개골만 거쳐서 들리는 소리이고, 상대방 귀에는 내 목소리가 공기를 통해 전달된다고 한다. 두개골만 거쳐서 들리는 자신의 목소리가 훨씬 맑고 우아하게 퍼져 들린다나.

생각해보면 우리는 얼마나 많은 착각 속에서 살아가고 있는지 모른다. 나뿐만이 아니라 모두들 엄청난 착각 속에 빠져 살아가고 있다. 인생의 참다운 가치는 무엇인가. 인간이 스스로 삶에서 보람을 느끼는 방법은 다양하다.

문학, 철학, 종교에서 어떤 사람은 행복을 느끼며 살아가고, 어떤 사람은 불행을 느끼며 살아간다. 대다수 사람들은 오늘도 나름대로의 목표를 향해 필사적 노력을 한다. 인생에서 가장 많은 사람들이 관심을 기울이는 것은 아마 '돈'일 것이다. 지금 이 시간에도 많은 사람들은 돈을 모으기 위해 온갖 노력을 하고 있다. 아침에 눈을 뜨고 일을 하고 죽을힘을 다해서 일하고, 다음날 돈을 벌기 위해서 일터로 나간다. 그들이 보기에는 인생의 궁극적 목적은 오직 돈일 뿐이다. 사람들이 돈에 집착하고 돈에 얽매이는 이유는 결국 돈이면 모든 것이 해결되고 불가능이 없다고 생각하기 때문이다. 그러나 돈만이 최고이고 돈이면 무엇이든 해결이 가능한 것일까.

그러나 돈을 아무리 많이 벌었다고 해도 세상은 만만치 않고 돈에만 의존해서 산다는 것은 쉬운 일이 아니다. 인생에서 돈보다도 더 중요한 것은 얼마든지 많다. 치명적인 병을 가진 사람은 하루하루 생명을 이어가기도 힘들지만, 나름대로 삶의 의미나 가치를 소중하게 생각하며 살아간다. 더욱이 인간은 생각하는 동물인지라 스스로 자기의 삶에 중요한 가치를 매긴다. 그래서 남들이 그 가치를 인정해주면 좋지만 그렇지 않으면 스스로의 가치를 인정한다. 삶의 가치는 남이 인정해주는 것이 아니라 자기 스스로 중요하다고 인정하는 것이다.

자신은 영원히 늙지 않는 외모를 간직할 것이라는 후배, 자기 남편은 일생 동안 자신만을 영원히 사랑하며 살아갈 것이라는 친구, 자기 아들은 결혼을 해도 오로지 자신을 제일 먼저 챙길 것이라는 선배, 어떤 지시를 내려도 부하 직원들은 수긍하고 따라올 것이라는 상관…. 이 모든 것은 인간의 교만과 어리석음에서 오는 착각과 과욕 때문이다. 아무리 착각은 자유라지만, 그것은 습관이 되고, 그 습관이 행동으로 옮겨질 경우에는 불행과 재앙이 생길 수 있다. 오늘도 착각과 과욕 속에서 허우적대고 있는 것이 우리 인간들이다.

그럼에도 우리는 착각하며 살고 있다. 나는 남보다 우수하다, 내 탁월한 능력을 모두 부러워한다, 내 판단은 늘 옳다…. 온갖 착각 속에 살면서도 우리는 나의 믿음을 '진실'이라고 여긴다. 내가 남보다 우수하다는 믿음을 아주 당연한 진실이라고 여기는 것이다. 실제로 나는 우수하고, 훌륭하고, 옳은 판단만 하는 사람이라고 생각한다. 이런 믿음은 어디까지나 주관적 생각일 뿐이다.

하지만 아무리 착각이라고 해도, 착각 속에 사는 게 때로는 편할 수 있다. 난 우수한 사람도 아니고 능력도 모자란다고 생각하게 되면 피곤해지는 건 자신뿐이지 않은가. 사람들은 착각 속에 살아가면서 나름대로의 행복을 누린다. 착각은 자유다.

(2012)

입맛

춘분이 지난 지 오래지만 봄은 아직 멀리 있는 듯하다. 아침저녁으로 봄이 오는 것을 시샘하는 봄바람의 기세에 눌려 하품을 하며 성급하게 달려나오던 개구리는 땅속으로 다시 되돌아가고, 꽃망울을 터트리며 세상을 향해 눈길을 보내던 매화도 다시 눈을 감는다. 봄추위가 아무리 모질다고 하나 조만간에 벌과 나비가 나타나서 제 입맛에 맞는 꽃을 찾아 너울댈 것이다.

지난겨울은 유난히 추웠다. 추운 날씨 핑계를 대며 김장을 미루고 미루다가 마침내 구랍까지 이르고 말았다. 마냥 미루다가 해를 넘길 수 없어 동서네 텃밭에 갔는데 땅이 질척거려 발을 내딛기가 힘들 정도였다. 거기다 칼바람까지 가세하니 얼굴은 따갑고 아리기까지 했다. 새벽부터 움직여야 했지만 퍼붓는 눈 때문에 한참을 종종거리다가 그나마 눈의 기세가 누그러진 아홉 시를 넘겨서 나섰는데도 추위는 여전했다.

　배추를 소금물에 절인 후 열 시간 정도 지나면 한 번 뒤집어줘야 하는지라 서둘러 배추를 캐야만 했다. 배추 한 포기 한 포기를 밑동으로 자르기가 생각처럼 쉽지 않다. 속이 꽉 들어차게 끈으로 묶어 키운 오동통한 김장배추가 아닌, 옆으로 넓게 퍼진 퍼대기라 일일이 배추 잎을 거둬 올려야 하기 때문이다. 마음은 바쁘고 일의 진척은 더딘데 김장을 같이 하기로 한 막냇동생은 감감무소식이다.

　얼마나 지났을까. 동생이 헐레벌떡 나타났는데 일할 생각은 않고 감탄사를 연발한다. 배춧잎 속에 노란 장미꽃이 들어앉아있네, 반짝거리며 달려있는 빨간 고추들의 이 고운 태깔을 여기 아니면 어디서 볼 수 있을까, 난생처음 배추밭에 와봤는데 이렇게 멋있는 곳인 줄 정말 몰랐네….

　그만 감탄하고 어서 배추를 수돗가까지 옮기라는 재촉에도 기분 좋은 콧노래로 응답한다. 겨우 두세 번 날랐을까 이번엔 자기가 배추를 캐보겠다며 한사코 달려들기에 역할을 바꿨다. 열 포기쯤 캤을까, 더는 일을 진척시킬 생각이 없는지 볼따구니가 찐빵 부풀 듯 부풀어 올라서는 혼자 중중거린다. "우리가 조선시대 여인도 아니고 살을 에는 이 궂은 날씨에 청승맞게 왜 이런 고생을 사가면서 해야 하냐고!"

　나 역시 내가 유별나다는 생각이 들긴 했다. 아무리 유기농에다 해풍을 맞으며 자란 배추지만 싹 다 포기하고 남들처럼 절인 배추를 사다가 담그면 더없이 간편한 일이잖은가. 고생을 사가면서 청승맞게 한다는 말이 하나도 틀리지 않다.

동생을 어르고 달래며 배추 오십 포기를 캐어 가르고 씻어 켜켜이 소금을 한창 뿌리던 중, 동생은 갑자기 열 살배기 아들을 성당에 데려가야 할 시간이라며 후딱 가버렸다. 혼자 끙끙거리며 일을 하다가 너무 허리가 아파서 몸을 펴려고 일어서는데 몸이 딱 굳어 일어서지질 않는다.

밤새 끙끙 앓다가 새해 첫날 동이 트자마자 서둘러 밭으로 갔다. 아래쪽에 담가진 배추는 통째로 잘 절여졌는데 위쪽에 있는 배추는 아직도 절여지지 않아 뻐석거렸다. 하지만 쌩쌩 부는 찬바람 속에서 몇 시간을 더 기다릴 수도 없는 노릇이라 대충 건져서 씻고는 서둘러 집으로 돌아왔다.

저녁에는 절인 배추를 양념에 버무리면서 아삭하고 깊은 맛을 기대했는데 전혀 아니었다. 온갖 재료를 다 넣어 만든 양념이 무색하게 맛이 나질 않아 허탈하기만 했다. 그 김치를 도무지 동생한테 나눠줄 수가 없어 뒷날은 절임배추 전문집에 가서 열 포기를 사다가 남겨둔 양념에 버무렸다. 이번엔 기가 막힐 정도로 맛깔스럽다. 대학생 아들이 한 소리를 한다. "우와 맛있다, 똑같은 양념 맞아요? 배추 맛에 따라, 배추 절임 정도에 따라 이렇게 확 달라지는구나. 사람도 마찬가지 아닐 건가?"

김치를 담근 지 한 달쯤 지나자 잘 절여지지 않아 밀쳐놨던 김치도 아삭아삭 싱그러운 맛을 내고 있고, 나중에 담근 김치는 깊은 맛으로 또 다른 맛을 내고 있다. 명절에 모인 식구들도 이 김치가 맛있네, 저 김치가 더 맛있네, 각자의 기호에 따라 전혀 다른 품평을 한다.

 김치 맛이 천태만상으로 오묘한 맛이듯, 사람들 입맛도 온통 제각각이다. 그러기에 더 좋은 맛을 찾아, 더 완벽한 맛을 찾아 어제도 오늘도 세상은 북적북적하다. 하지만 김치가 다 숙성되어버리면 비슷비슷해지듯 사람도 나이가 들면 잘난 사람이었건 못난 사람이었건 다 거기서 거기까지 아닐까.

 젊을 때는 모두 제 잘난 맛에 살지만 많이 아는 자의 거드름이 모자라는 자의 감사하는 마음에 훨씬 못 미치는 경우를 본다. 결국 인생의 높낮이란 것은 이리 빼고 저리 더하다 보면 엇비슷해지는 것이다. 조금 더 배웠음에 교만하지도 말고, 조금 더 가졌음에 오만하지도 말아야 하는 게 인생살이인지 모른다. 모가 깎여 둥글둥글해져야 세상이 편안해 보이고, 남을 도와야 행복해짐을 아는 사람은 오히려 가난하거나 나이 많은 노년층들이다.

 지난 성탄절에도 어김없이 얼굴 없는 기부자들이 몇 천만 원 혹은 몇 억이라는 거액을 남몰래 기부하고 갔다는 미담 사례를 본다. 살아오면서 크고 작은 갈등과 상처를 많이 겪은 사람일수록 이웃의 아픔도 더 절절하게 와 닿기 때문인지 기부자들의 공통점은 나이가 들거나 결코 물질적으로는 부자가 아니라는 사실이다.

잘 절여지지 않은 김치도 숙성되면 아삭아삭 싱그러운 맛을 내고, 잘 절여서 젓갈을 듬뿍 넣은 김치는 깊은 맛을 내는데 서로가 제 맛이 최고라고 뽐낸다. 전라도 김치와 경상도 김치, 그리고 서울 김치가 각각 서로 다른 독특한 맛을 낸다.

  그리고 보면 김치는 사람 맛에도 비유가 될 듯하다. 그 많은 사람들이 자랑하고 내세우는 맛이 제각각이니까 모두 서로 잘났다고 아우성이다. 이제 이 마지막 봄추위가 지나가고 나면 다시 나타나서 너울대며 날아다니게 될 벌과 나비들도 제각각의 입맛을 찾아다니며 꽃들 사이를 노닐 것이다.

(2012)

주디의 편지

어린 시절, 다른 애들은 동화 속 백설공주를 부러워했지만 나는 〈키다리 아저씨〉의 주디에 끌리고 있었다. 여리게 보이는 백설공주와 달리 그는 어려운 현실을 받아들여 열심히 살아가는 명랑한 인물이었기 때문이다.

매사 긍정적으로 즐겁게 살아간다는 것은 쉬운 일이 아니다. 그러나 주디는 결코 과거 속에 빠져 시간을 소모하거나 미래만 바라보며 현재를 옭아매지는 않는다.

화창한 봄날, 해외여행 중인 동생한테서 전화가 왔다. 벚꽃이 절정이라고 하던데 오늘도 원고를 쓰느라 끙끙대고 있는 것 아니냐고 하기에, 급히 쓸 칼럼이 있어 어쩔 수 없다고 했더니 소리를 빽 지른다.

"언니! 그렇게 글에 매달려 살다가 인생 종 칠 거유? 뭐든 다 내던지고 남들처럼 좀 편히 살아요, 편히!"

"안 그래도 올해까지만 쓰고 그만두려고…."

"그 소리 벌써 몇 년째 하는지 알아? 제발 현재를 살아요, 현재를."

하기야 나는 아직도 족쇄를 풀지 못한 채 사람들에게 떠밀려 살아가고 있다. 시간에 쫓기면서 무언가에 질질 끌려 다니고 있는 것이다.

중학교 시절, 영어시간만 되면 물 만난 물고기가 되던 친구가 '현재present'와 '선물present'이 왜 같은 줄 아냐고 물었다. 내가 어리둥절한 표정으로 우물쭈물하자 열심히 설명을 한다. 친구는 현재라는 시간이, 지금 이 순간이 얼마나 큰 선물인지를 그때 벌써 알고 있었던 것이다.

지금 와서 키다리 아저씨를 다시 읽어보니 주디는 어린 나이임에도 현재가 얼마나 소중한지를 꿰뚫고 있다. 나는 그가 그저 말괄량이인 줄만 알았는데 이제 보니 무척이나 생각이 깊은 아이였다. 키다리 아저씨에게 보낸 그의 편지는 현재를 사려 깊게 살아가지 못하고 있는 나에게 보내지는 것이었다.

"저는 행복할 수 있는 진정한 비결을 발견했는데, 그건 현재에 사는 것입니다. 사람들은 먼 지평선 위 목적지에 먼저 도달하려고 서두르느라 아름다운 전원의 경치를 다 놓치고 말지요. 죽음에 임박해서야 목적지에 빨리 도착하는 것만이 중요한 것이 아니라는 사실을 깨닫지요."

(2012)

꽃은 그냥 피지 않았다

 안개는 화사한 아침 햇살에 밀려 오름으로 달아나고 있었다. 어깨에 가방을 둘러멘 아이들이 학교로 몰려든다. 아이들이 학교에 와서 가장 먼저 달려가는 곳은 바로 화단이다. 화단에서는 아직도 잠이 덜 깬 채송화와 달리아, 맨드라미꽃들이 부스스 눈을 뜨며 아이들을 맞아준다. 화단에는 꽃들의 속삭임으로 가득하다.
 아침 이슬을 머금은 채 꽃들은 기지개를 켜고 있었다. 꽃들이 도란도란 속삭이는 소리는 새벽 골짜기에 메아리가 퍼져오듯 가슴을 뛰게 했다. 꽃들이 잠깨는 소리를 들으면서 마음은 어느새 나비가 되어 여기저기를 훨훨 날아다니기 시작한다. 어린 시절의 기억은 온통 꽃에 얽힌 것들이다. 내 유년의 추억은 꽃으로 피었다가 꽃으로 떨어진 풍경으로 가득하다.
 학교로 달려가던 발걸음의 가벼움, 푸른 하늘과 같은 우리들의 순수함은 모두 꽃밭의 햇살과 함께 어우러졌다. 팝콘이 터지듯 톡톡 꽃망울을 터트리는 소리가 꽃밭에서 들리면 내 마음속 어딘가에서도 생명의 소리가 들려온다. 꽃들은 그냥 서 있는 듯했지만 한 방울의 눈물과 한 다발의 기쁨을 키우면서 우리들을 성장시켰다.

꽃밭에 물을 주기 위해 꽃들에게 다가가면 꽃들은 물줄기가 자기 쪽으로 오기를 기다리며 온몸을 일으켜 세운다. 금잔화와 데이지, 불두화와 팬지꽃은 소리를 질러대며 좋아한다. 옷이 다 젖도록 꽃들에게 물을 주노라면 옷에는 어느새 붉고 푸른 꽃물이 들어 나도 한 송이 꽃으로 피어난다.

교무실 앞 화단에는 샐비어꽃도 붉게 피어있었는데 꽃대를 뚝 꺾고 꽃을 쏙 뽑아 빨면 단물이 나온다. 우리는 꽃송이를 하나씩 뽑아 쪽쪽 빨다가 서로의 표정을 보고는 깔깔대며 웃었다. 푸르다 못해 투명한 하늘 아래에서 꽃들과 노닐던 우리는 천사가 되는 꿈을 꾸곤 했다. 그 시절의 꽃밭은 우리들의 천국이었다.

학교에서 돌아오는 길. 들판에 무덕무덕 피어있는 토끼풀꽃으로 꽃반지를 만들어 끼고, 화관도 만들어 머리에 써서 공주가 되었다. 그러면 멀리서 백마를 탄 왕자가 나타나 나를 말에 태워 데려갔다. 마을 여기저기에서는 노랗고, 하얗고, 붉은 꽃망울이 축포처럼 터지면서 우리를 축복해주고 있었다.

꽃들은 저마다 간직한 이야기가 있다. 엄마가 그리워 부르다 지쳐 쓰러진 찔레꽃, 달을 애처롭게 기다리며 밤에만 피는 달맞이꽃, '태양의 눈'이라 불리는 데이지와 같이 꽃들은 사연을 간직하고 있다. 하지만 꽃에는 그리움이 없다. 꽃은 스스로 아무것도 그리워하지 않으면서 그 꽃을 바라보는 사람으로 하여금 누군가를 그리워하게 한다.

봄꽃이 눈처럼 분분히 날리던 날, 들판에서 꺾은 한 다발의 수선화를 손에 들고 누군가 저 만치서 다가오고 있었다. 봄빛은 꽃들이 일구어내는 아름다움으로 포말같이 허공에서 쏟아져 내렸다. 꽃잎들도 눈을 뜨고 우리를 지켜보고 있었다. 나는 부풀어 오르는 설렘을 다독이며 새침하니 서 있었고, 그는 흰 이를 드러내며 시익 웃었다. 소년은 수선화를 후다닥 안겨주고 며칠도 되지 않아 떠났고, 그 이후로는 한 번도 만나지 못했다.

꽃을 주고받는 것은 얼마나 아름다운 마음의 표현인가. 꽃을 받으며 설레던 가슴에는 난생처음 사랑의 꽃망울이 돋아나고 있었다. 자신의 내면만을 오랫동안 들여다보다 결국 자신의 세계에 갇혀버리게 되었다는 수선화를 볼 때마다 그 소년이 떠오른다.

때로 우리는 인생 전체를 뒤바꿔 놓는 만남과 헤어짐, 기쁨과 고통, 빛과 어둠의 갈림길에서 서성이게 된다. 꽃은 작고 나약해 보이지만 인생과 세상에 대한 진실을 보여주는 보석이며, 삭막하고 어두운 현실을 벗어나 풍요롭고 밝은 삶으로 나아갈 수 있게 해주는 등불이다. 꽃은 세상의 고뇌와 슬픔을 이겨낼 수 있게 해주는 찬란한 정신이며 아름다운 영혼이다.

연초록이 마구 번져가는 봄날의 골목에는 산벚꽃, 철쭉꽃, 조팝

꽃이 저마다의 자태를 드러낸다. 산벚꽃은 황홀, 철쭉꽃은 정열, 조팝꽃은 떨림으로 빛난다. 주말에 동네 뒷길을 걸어가노라면 보리밭 서리서리 물결치는 길가에 자운영, 민들레, 제비꽃이 화려한 꽃수를 놓고 있다. 자운영은 유혹, 민들레는 미소, 제비꽃은 교태로 다가온다. 이들과 온몸의 속살을 다 드러내고 정을 나눈다 해도 조물주께서 어찌 이를 나무랄 것인가.

"이것 봐! 이 민들레와 저 민들레는 모양이 달라. 이 제비꽃은 보라색인데 저건 흰색이야. 어쩜 이렇듯 제각각 다른 모습과 색깔을 가졌으면서도 잘 어울리지?"
"저기 공작초와 피튜니아 좀 봐, 오늘 아침에 새로 피었네!"
"패랭이꽃과 데이지는 다 시들어간다."
"맞아. 꽃들의 세상은 신비로 가득 찬 것 같아. 모두가 다른 모습으로도 잘 어울려 살아가고, 시들었다가도 다시 피어나잖아."

꽃을 바라보며 우리는 세상을 다 아는 듯이 재잘댔지만, 꽃의 탄생과 소멸이 얼마나 엄청나게 위대한 것인지는 알지 못했다. 길섶에 피어 있는 한 송이 들꽃을 바라보며 왜 감탄해야 하며, 동백꽃이 뚝뚝 떨어지는 것을 바라보며 왜 슬퍼해야 하는지는 알지 못했다.
꽃은 그냥 피지 않았다. 내 마음도 피워 올리고 이 세상도 피워 올렸다.

(2014)

저무는 태양을 바라보며

한 해가 또 저물어간다. 이제 며칠이 지나면 또 한 해가 지나가고 새로운 해가 다가오게 된다. 우리가 아무리 아우성쳐도 어김없이 사라지고 다가오는 것은 세월이다. 우주의 움직임 속에서 기막힌 순환의 철학이 있다면, 한 계절이 지나면 새로운 계절이 다가오고 한 해가 지나면 새로운 해가 어김없이 우리들 곁을 찾아온다는 것이다.

새해가 시작될 때, 올해에는 이런 일들은 꼭 이루리라고 다짐했지만 지난 시간을 되돌아보면 모자람과 아쉬움이 가득하다. 개인적으로나 사회적으로 우리 주변에서 일어났던 기쁘고 행복했던 일, 슬프고 힘들었던 일들이 모두 추억 속에 묻히게 되었다. 어제와 똑같은 태양이 떠오르고 똑같은 밤이 오지만, 가는 해에 대한 아쉬움과 다가올 새해에 대한 기대감은 여느 때와 다르다.

인생을 살아가면서 사람들이 항상 반복하며 후회하는 세 가지가 있다고 한다. 남에게 베풀지 못한 것에 대한 후회, 참지 못한 것에 대한 후회, 더 행복하게 살지 못한 것에 대한 후회라고 한다. 인생을 살아간다는 것은 사람과의 만남의 총화라고 해도 지나치지 않을 것이다. 지난 한 해 동안 내가 만난 사람은 얼마나 될까. 그들과 얼마나 원만한 관계를 이루었던가. 내가 만난 사람들이 나에게 얼마나 소중한 사람이었을까. 또 나는 그들에게 얼마나 의미 있고 가치 있는 존재였을까.

사회 곳곳에서는 서로를 밀어내느라 애쓰며 극단적인 편싸움을 하는 경우도 있다. 소통부재와 대화의 단절은 분열과 갈등과 대립을 낳는다. 그렇게 되면 사회는 찢겨지고 모두가 모래알처럼 뿔뿔이 흩어진다. 모두가 나만 옳고 상대방은 틀리다는 식의 독선과 오만에서 벗어나지 못한다. 새해에는 나와 너, 이웃과 이웃 사이에서 소통과 화해의 강물이 흘렀으면 하는 바람이다.

혼자 가면 힘든 길도 함께 가면 더 멀리 갈 수 있을 것이다. 세상이란 혼자 살 수도 있겠지만 더불어 사는 삶은 훨씬 더 쉬울 수 있다. 겨울 들판에 고고하게 홀로 핀 꽃을 보노라면 아름답긴 하지만 왠지 쓸쓸함을 느끼게 된다. 꽃도 사람도 함께 어우러져야 아름다운 풍경을 이룬다. '우리'라는 말은 푸른 하늘과 같이 희망이며 소망이 될 것이다.

지난 한 해 동안 숨 가쁘게 열심히 살아왔다고 자부하지만, 내년

엔 맡은 일에 더욱 충실해야겠다고 다짐한다. 자신만을 위해서가 아니라 많은 사람에게 행복을 나눠줄 수 있는 보람 있는 일을 하겠다는 생각을 해본다. 나와 이 세상의 앞날이 더욱 아름답고 행복한 것이 되길 기도하면서 희생하고 봉사하는 마음으로 살아야겠다는 소망을 가져본다.

나는 겸손하지 못했던 것 같다. 실수한 것에 대해 반성할 줄 몰랐고 모르는 것을 모른다고 말할 겸손과 용기가 부족했다. 또 자신과 이웃을 사랑하는 마음이 모자라 서로를 관심 있게 바라보고 배려하지 못했던 것 같다. "노년의 삶이 평화스럽도록 젊은 시절을 살고, 내세의 삶이 평화스럽도록 노년을 살라."는 인도의 격언을 실천할 수 있다면 우리들의 삶은 사랑과 평화로 가득 차게 될 것이다.

어느 해인들 그렇지 않은 적이 없지만, 올해도 우리들에게 정치적 사회적으로 아픔이 많았던 한 해였다. 사회적 약자들에겐 견디기 힘든 고통과 어려움이 많았고, 좁은 취업문 때문에 젊은이들은 길거리를 방황하는 안타까운 한 해였다. 경제 규모는 커지고 있지만 일자리는 갈수록 좁아지고 사회적 갈등은 갈수록 깊어가고 있다. '정의로운 사회'가 외쳐지고 있지만 가진 자들은 눈과 귀를 막고 있는 듯하고 가난한 사람들의 탄식 소리는 허공을 맴도는 각박한 현실이 계속되고 있다.

어느 사회 평론가는 우리나라처럼 거창한 사건 사고가 많은 나라도 드물다고 했다. 권력이나 재력을 가진 사람들이 그러하니 힘없고 돈 없는 사람들은 더욱 사생결단의 경쟁심에 사로잡혀 있다. 단기간에 성취해낸 근대화와 자본화 덕분에 우리 사회는 선진 국가들도 부러워할 정도의 윤택한 삶을 누리고 있다. 그러나 그 이면에는 집단이기주의, 빈부의 격차, 황금만능주의와 같은 문제점들이 우리 사회의 깊은 어둠으로 드리워져 있다.

청소년 성범죄를 비롯한 각종 부끄러운 사건들이 우리 사회의 치부를 드러냈고, 세종시 이전 문제로 온 나라가 떠들썩하더니 이제 4대강 사업으로 또다시 시끄럽다. 천안함 침몰 사건으로 온 국민의 가슴을 아프게 하더니, 연평도 포격 때문에 평화로운 어부의 섬이 쑥대밭이 되어버렸다. 이에 더해 한 해가 저무는 것을 자축이나 하듯이, 우리 국회는 예산문제로 또 다시 난장판이 되었다. 저무는 해와 함께 한국 정치판의 저 추한 장면은 꼭꼭 묻어버리고 싶다.

이제 곧 새해가 시작된다. 새해부터는 우리 모두가 정말로 이 나라는 내가 주인이라는 의식을 가져 먼 훗날 내 자손들에게 부끄럽지 않은 영광의 조국을 물려준다는 생각을 새롭게 해야 할 것이다. 어려울 때 서로가 감싸주고 나눠주며, 힘겨울 땐 서로의 버팀목이 되어주고, 슬퍼서 눈물 흘릴 때 그 눈물을 닦아주며 위로해야 할 것이다. 그리고 기쁘고 즐거울 때에는 다 함께 가슴을 활짝 펴고 껄껄 웃어 보자.

때를 알고 떠나는 자의 뒷모습은 늘 아름답다. 떠나는 자에게는 추억의 이름으로 모든 상처를 묻어주는 힘이 있다. 떠난 자의 흔적은 다가오는 자에게는 길이 되는 법이다. 산등성이 너머 새해의 태양이 떠오를 순간을 기다리고 있다. 과거는 다시 오지 않지만 미래는 우리에게 새로운 많은 것을 안겨준다. 지난해의 모든 아픔과 갈등은 마지막 떠나는 저 태양 속에 다 태워서 날려버리자. 새해에는 엊그제 내린 첫눈처럼 순백의 마음으로 행복과 환희와 희망이 가득하게 하자.

(2010)

3부

작은 것들의 소중함

아낌없이 사랑했는가? | 이 가을이 가기 전에 | 나잇값
새로운 인생 | 행복이 가득한 텃밭 | 작은 것들의 소중함
태풍 뒤에 뜬 보름달 | 삭막한 겨울 풍경 | 잔인한 사월 | 이성과 감성 사이

아낌없이 사랑했는가?

바람이 차가워져 옷깃을 여미게 하는 계절이 또 다시 돌아왔다. 방안의 따뜻한 아랫목에 모여앉아 오순도순 이야기를 나누던 모습은 이제 추억의 일부가 됐지만, 아직도 연탄을 때는 사람들이 있다. 어느 자선단체에서 힘들게 살아가는 이웃들을 위해 연탄을 나눠주는 모습을 TV 화면으로 보면서 따뜻한 온기를 느낀다.

지금 우리 주변에서 연탄이 가장 많이 필요한 사람은 노인들이라 한다. 가뜩이나 노년에는 온갖 질병과 경제적 어려움이 겹치는데 홀로 살아가는 그들의 삶은 얼마나 고달플까.

대부분의 선진국들은 20세기를 전후하여 고령화 사회로 진입했으며 영국, 독일, 프랑스는 70년대부터 고령사회가 진행됐다. 우리나라도 빠르게 고령사회로 접어들고 있어서, 2018년에는 노인인구가 14.3%에 달한다고 한다. 나이가 들면 누구에게나 다가오는 노년의 모습은 겨울을 재촉하면서 어지럽게 날리는 낙엽만큼이나 우리의 마음을 슬프게 한다.

노년의 삶을 생각하면, 국내에도 상영되어 많은 사람의 심금을 울린 〈아무르〉라는 영화가 생각난다. 이 영화는 〈하얀 리본〉, 〈히든〉으로도 유명한 미카엘 하네케 감독이 만들었으며 2012년 칸느 영화제에서 황금종려상을 수상한 영화다.

평화롭게 노후를 즐기던 80대 노부부 조르주와 안느에게 불행이 닥친다. 안느에게 갑자기 뇌졸중이 생기면서 정신적 고통뿐만 아니라 신체의 마비증세까지 나타난다. 아내를 간호하게 된 조르주는, 상태가 점점 악화되어 인간으로서의 마지막 품위까지 잃게 된 안느를 보며 이제 어떻게 해야 할지 고민하게 된다. 점점 병들어가는 안느로 인해 하루아침에 달라진 삶은 점점 두 사람을 힘들게 하고, 조르주는 결국 사랑하는 아내를 자신의 손으로 죽인다. 영화 〈아무르〉에서는 굳이 직접적인 표현을 하지 않고 있지만, 아내를 위한 조르주의 마지막 결단이 과연 '사랑인가'라는 깊은 질문을 던지고 있다.

고령화시대를 살아가는 우리에게 영화 〈아무르〉는 많은 생각을 낳게 하면서 이미 다가온, 앞으로 다가올 노년의 삶을 성찰케 한다. 세월의 흐름과 함께 늙어가는 노년의 삶은 사람의 힘으로 어떻게 할 수 없는 일이겠지만, 우리들 주변에서 고통 받고 힘들게 살아가는 이웃은 너무나 많다. 이들은 모두 엄청난 상실감과 좌절감에 빠져 오늘도 힘든 삶을 살아가고 있다. 빈부격차, 양극화를 이겨내는 이웃사랑과 공동체의식 회복은 우리 사회가 해결해야 할 가장 중요한 과제다.

사람들은 누구나 사랑을 품고 살아간다. 그러나 사랑을 실천하기란 어렵다. 더욱이 외로울 때는 사랑하는 사람에 대한 마음이 그 무엇보다도 절절하다. 사랑이란 단어는 참으로 애틋하고 가슴 아프고 마음 설레게 한다. 사랑의 마음이 있기 때문에 그리움이 생긴다. 이해인 수녀는 "그리움이란 단어에선 비에 젖은 재스민 꽃 향기가 물씬 풍긴다."고 말한 적 있다. 그리움이란 보고 싶어도 볼 수 없는 사람을 그리워하는 것이다. 그러나 그리움이란 사랑하는 사람을 만나지 못할 때 생기는 안타까움인 줄 알지만 단순히 그것만은 아니다. 그리움이란 사랑이 이루어질 수 없기 때문에 생기는 감정이기도 하지만 너무나 아끼고 소중하게 생각하던 것을 잃기 때문에 생겨나는 감정이기도 하다.

우연 속에 놓인 관계를 향해 사랑이나 축복을 보내는 것은 천사와 만나는 시간이다. 우리가 사랑과 맺는 관계의 가장 강력한 적군도 지원군도 모두 시간의 흐름 속에서 나타난다. 싸늘한 바람 속에서 후두둑 떨어지는 빗방울에서도 만남의 관계와 사랑의 감정은 일어난다.

우리 사회에서 이웃을 생각하는 사랑의 마음은 참으로 빈약하다. 서구 사회에서는 가장 중요한 사회적 버팀목의 하나가 '기부문화다. 기부는 돈을 많이 가졌다고 해서 할 수 있는 것이 아니다. 아무리 큰 부자라도 마음이 인색하면 할 수 없는 일이다. 오히려 힘들게 김밥과 폐지를 팔아서, 보따리 장사를 해서 모은 돈을 기부한 사람들의 이야기가 우리에게 더욱 따뜻하고 훈훈하게 들려온다.

기부는 액수가 문제가 아니라 마음의 문제다. 기부를 하는 많은 사람들이 할머니들이라는 사실이 놀랍다. 힘들게 모은 돈을 사회에 흔쾌히 기부한다. 나이만큼 사랑이 온다고 했다. 사랑에도 나이가 있다는 것이다. 사랑도 꼬박꼬박 나이를 먹는다. 그래서 우리들 마음속엔 나이만큼 사랑이 켜켜이 쌓여 있다.

언젠가 혜민 스님은 과일을 깎던 중에 엄지손가락을 베였다. 소독약으로 소독하고 피가 멈추자 연고를 바르고 반창고로 돌돌 감아 상처를 치료했다. 얼마 지나지 않아 새살이 돋아났다. 이런 모습을 보면서 스님은 소독약과 반창고처럼 어려운 이웃을 도와주고 감싸주는 사람이 돼야겠다는 생각을 했다고 한다.

기부는 하면 할수록 자꾸 하고픈 마음이 든다. 기부는 남을 먼저 생각하고 사랑하겠다는 마음에서 우러나오는 것이다. 요즘같이 각박하고 이기적인 사회에서 나보다 남을 먼저 챙기기란 쉬운 일이 아니다. 건강한 사회란 어려운 이웃을 먼저 생각하고 사랑을 나누는 사람이 많은 사회다.

물론 우리들 모두는 매일 매일 혼신의 힘을 다하면서 힘든 나날을 보내고 있다. 하지만 우리 주변에는 우리보다 더 힘들고 어려운 사람들이 많다. 우리의 이웃을 위해서 무엇을 할 것인가를 찾아보면, 우리의 손길이 닿아서 행복해 할 곳이 의외로 많다. 김장 한 포기라도 건넬 이웃을 찾아보고, 오늘도 한 끼의 식사를 걱정하는 소외된 사람들의 일상을 따뜻한 눈으로 바라봐야 한다. 그리하여 이 겨울이 다 가기 전에 자신 있게 스스로에게 물어야 할 것이다. 나와 이웃과 이 세상을 아낌없이 사랑했는가?

(2014)

이 가을이 가기 전에

  가을 숲길에서는 겨울을 재촉하듯 울긋불긋한 낙엽들이 비가 내리듯이 쏟아져 내린다. 낙엽 길을 거닐며 어떤 사람은 자신만의 추억에 잠기고, 또 어떤 사람은 나뭇가지 끝에 힘없이 매달린 이파리를 바라보며 치열했던 자신의 삶을 회상해본다.
  숲길은 원시림으로 가득하여 신비롭다. 지난여름 녹색으로 찬란하던 나무를 붉고 누런빛으로 변모시킨다. 봄이 새 생명을 깨어나게 하는 축복의 계절이라 하지만 황금 들녘의 튼튼한 알곡으로 물든 가을의 풍요로움에 비할 수 있을까. 한여름철 뙤약볕이 짓눌린 몸과 마음을 잘 말려 준다 한들 아름다운 자태를 뿜어내는 단풍잎에 따를 수 있을까. 얼어붙은 빙설의 겨울산이 너그러운 휴식과 평안함을 준다 한들, 햇살 따사로운 은빛 물결의 가을억새보다 좋을 수 있을까.

가을의 황홀한 풍경과 눈부신 햇살은 우리들에게 아낌없는 축복을 준다. 합창을 하는 듯한 나무와 숲의 가을색은 우리의 모습과 삶을 되돌아보기 위한 시간을 제공한다. 인간은 인색하고 탐욕스럽지만 가을은 사랑과 자비의 계절이다. 지나치지도 않고 모자라지도 않는 적당함의 예술, 너무 지나치기에 부담이 되어 도망가고 모자라기에 아쉬워 그리워하는 것이 가을이다. 가을은 춥지도 덥지도 않고 모든 것을 풍성하게 거두어들이는 시간이다.

수확의 계절이 오면 누구나 풍족한 생활을 할 수 있게 해주고 마음까지 풍요롭게 해준다. 황금들판에는 오곡이 무르익고 농부는 환한 웃음으로 그것을 거둔다. 토실토실 영근 밤, 포동포동 살찐 감은 입맛을 돋운다. 가을바람이 살랑살랑 불어오는 산과 들과 티없이 맑고 푸른 하늘에 사람들은 풍덩 빠져든다.

자연과 교감하며 사는 인생이 가장 건강한 삶이라고 하는데, 사람들은 모두 동심으로 돌아가 가을 속으로 뛰어 오르고 드러눕기도 하며 가을의 물감으로 자신을 색칠한다. 여름과 겨울 사이의 짧은 시간에 가을은 그렇게 큰 결실을 가지고 우리에게 다가온다.

민태원은 수필 〈청춘예찬〉에서 가을을 중년의 계절이라고 하면서 예찬한다. "청춘이 꽃피는 봄이라면 중년은 열매 맺는 가을이다. 청춘이 날 선 소리를 내는 바이올린이라면 중년은 중후한 음을 전하는 첼로다. 청춘이 화려한 청담동 거리라면 중년은 호젓하고 운치 있는 덕수궁 돌담길이다." 모두에게는 그 나이에 어울리는 삶이 있는 법이지만, '인생 100세 시대'에 가을은 인생의 반환점을 돌아선 중년과 같은 '가지 않은 길'이다.

가을은 자연의 이치를 거스르지 않고 순응하며 조화롭게 더불어 살아가려는 중년의 색채와 같다. 화려하고 찬란한 색채 대신 먹색을 기본으로 하고 여러 가지 채색을 써서 그린 수묵화처럼, 가을은 신이 준 자연색에 여러 가지의 조화로움으로 아름다움을 선보이고 있는 수묵화와 같다.

그래서 사람들은 유달리 가을을 사랑하고, 가을을 아끼며 가을을 가슴에 품고 싶어 하는지도 모르겠다. 남을 언짢게 만든 사소한 잘못들도 더 깊이 뉘우치면서 촛불을 켜고 깨어 있어야만 될 것 같은 가을밤. 우리들의 힘든 이웃과 그리운 친구들의 얼굴을 그려 본다.

가을이면 불현듯 생각나는 사람들이 있다. 어떠한 기약도, 다시 돌아온다는 약속도 없이 떠나는 계절인 가을에는 영화 〈뉴욕의 가을〉에 나왔던 인물들이 생각난다. 시한부 인생으로 아버지와 같은 남자를 사랑하게 된다는 운명은 낙엽 진 뉴욕의 아름다운 경치와 함께 펼쳐진다. 그 가을에 그들의 사랑과 운명은 어떻게 되었을까.

가을은 그리움의 계절이다. 가을에는 누군가를 부르면서 그리움과 싸우기도 하지만 가끔은 누구인지도 모를 사람에 대한 그리움과 외로움에 힘겨워하는 사람들도 있다. 처음부터 내 앞에 존재하지도 않았던 누군가를 그리워한다는 것이 우스꽝스러운 일일지 모르나 딱히 누군가가 아니더라도 어떤 사람을 그리워하고 편지를 보내고 싶은 것은 분명 가을에나 가능한 일이다. 창밖에 후드득 비가 떨어지거나 아스팔트 위로 휙휙 굴러가는 낙엽을 바라볼 때, 우리의 가슴속에는 그리움과 아쉬움이 바람 속에서 책장 넘어가듯이 일렁인다. 그런 감정들은 또박또박 쌓여서 글도 되고 그림이 된다.

 가을 마지막 바람이 부는 날에는 나뭇가지 끄트머리에 앙상하게 홀로 남은 잎새가 매달려 있다. 한때는 단풍으로 매달려 사람들의 눈길을 끌었지만 이제 곧 떨어지면 낙엽이 될 것이다. 시간이 흐르면 우리네 인생과 같이 낙엽이 되어 떨어지고 말 것이지만 잎새는 어미 품에서 떨어지기 싫어 우는 어린애처럼 나무의 끄트머리를 잡고 매달려 있다.

 저 멀리 가을 들판이 허허롭다. 집들은 어둠에 잠기고 불빛만 깜박인다. 이제 저들도 하나 둘 꺼져 가면 이 세상엔 달빛과 별빛만이 남을 것이다. 모든 걸 다 잃어버린 가을 들판에는 달빛이 한가득 퍼져있다. 우리들의 가슴을 적시는 서러운 가을 들판은 우리가 떠날 시간이 왔음을 알려준다.

 이 가을의 남은 시간이 다 해서 곧 떠날 채비를 하기 전에, 이 세상의 곳곳에서 벌어지고 있는 고통과 슬픔 속에서도, 삶을 뜨겁게 사랑할 수 있는 믿음과 지혜를 얻기 위해서 노력해야 할 듯하다. 이 가을에는 그동안 멀리 떠나있던 친구에게 편지라도 한 통 보내고, 그리고 주변에서 힘들고 어렵게 살아가는 이웃들에게 다가가 따뜻한 사랑의 말이라도 한마디 건네 봐야겠다. (2014)

나잇값

　어머님께서는 생전에 걸핏하면 '사람은 나잇값을 하면서 살아야 한다.'고 말씀하셨다. 당시에는 그 말의 참 의미를 제대로 이해 못한 채 고개를 갸웃거렸지만 살면서 생각하니 사람은 그 나이에 걸맞은 언행을 하며 살아야 한다는 뜻이었음을 뒤늦게 깨닫는다.

　동창들이 모이면 화제는 자연스레 늙어감에 대한 얘기가 주를 이룬다. 젊은 시절에 미모를 자랑하고 다녔던 친구도, 평범했던 친구도 이제는 얼굴에 주름살이 생기고 피부도 처져 모두 초로의 얼굴들이 되어있다.

　우리는 모두 세월을 비껴가지 못하는 줄 알면서도 늙지 않으려 애쓴다. 젊음을 유지하고자 하는 것은 어쩌면 인간의 본능일지 모른다. 겉으로는 '나이에 걸맞게 주름살도 좀 있어야 사람냄새가 나지.' 하면서도 주름시술에 관한 정보에 귀를 쫑긋 세운다.

삶을 초월한 듯 대화에 끼지도 않고 듣고만 있던 친구가 조용히 입을 연다.

"그래, 너희들처럼 건강할 때가 좋은 거다. 암 투병 중인 K도 말하지 않더냐, 웬만한 건 설렁설렁 다 날려버리면서 젊게 살라고."

우리는 힘들게 살아온 세월을 다 날리고자 연거푸 잔을 부딪쳤다.

"우리 자신의 인생을 위하여, 파이팅!"

빗나간 자식 때문에 힘들었던 친구도, 시누이 때문에 이혼한 친구도, 남편의 이혼 요구에 속병을 앓던 친구도 파이팅을 외친다. 우리도 이젠 알곡이든 쭉정이든 기쁜 마음으로 거두며 살아가야 할 나이가 된 것이다. 그러면서도 나이 듦이 두려운지 "젊음을 위하여!" 하고 외친다.

봄이 무르익고 있다. 쉰이 훨씬 넘은 나이들임에도 우린 봄에 마냥 설렌다. 새롭게 핀 산꽃 들꽃의 향기가 우리 마음을 흔들어 놓고 그 속에서 날아다니는 벌과 나비를 바라보며 생명을 느낀다. 다른 계절이라고 다르지 않다.

여름의 바다는 거기에 있었다. 나는 언제나 그 바다에 앉아 있었다. 울기 위해 파도를 바라보고 있었지만 오히려 바다의 울부짖음에 나는 울고 싶어도 참아야 했다. 가을의 수확을 바라보면서도 나의 텅 빈 부재가 부끄러웠다. 부끄럽긴 했지만 아직도 내 마음속은 무언가로 가득 채울 수 있는 '텅 빈 충만'이 있어 평온했다. 세월의 흐름은 마침내 겨울을 데려오고 그 그림자는 내 뜨락에도 드리워졌다.

그 겨울의 우수 속에서도 한 줄기 햇살이 있어 함께 웃을 수 있었다.

이 지나간 세월들이 아무리 아리고 나이에 걸맞지 않는 감상이어도 나는 조금도 부끄럽지 않다. 아니 오히려 찬란하고 아름답게 여겨진다.

나이가 들어가니 많이 가진 자나 적게 가진 자, 많이 배운 자나 못 배운 자나 다 고만고만하다. 자기가 살아 보지 않은 삶과 가보지 못한 길에 대해 사람들은 안타까워하지만, 웬만큼 이 세상을 살아본 사람은 다 알고 있다. 두 길을 다 가지 못하는 것을 안타까워하고, 한참을 서성대다 낮은 한쪽 길을 따라 멀리 끝까지 간 것을 후회하지만, 가보지 못한 길도 무슨 대단한 길은 아니었을 것이고 모든 길은 결국 마지막에는 하나의 종착역에서 만난다는 것을. 세월이 가니 사람도 가고, 인적이 끊어지니 잡초가 주인이 되고, 사람이 떠나면 세월의 그림자만 없어지는 줄 알았더니 어느새 서산에서는 낮을 밝히던 태양도 사라지고 있었다.

언제까지나 이 세상에 계실 것 같던 어머니도 곁을 떠나셨다. 어머니가 돌아가셨을 때, 이 세상에서 가장 소중한 한 부분이 사라졌다는 사실이 가슴을 메이게 했다. 한편으로는 나도 어머니같이 내 딸들에게 해와 달과 같은 존재가 되어야만 한다는 생각으로 힘들었다. 엄마가 있어 딸은 완성되는 것이고, 또한 딸이 있어 어미가 완성되는 것이다. 어머니란 그런 존재이다. 흙에서 싹이 나서 꽃이 피고, 꽃이 피니 세상이 아름다워지는 것과 같은 이치다.

살아갈수록 어머니처럼 살다갈 자신이 없어진다. 요즘은 직장에서도 가정에서도 사람 관계가 정말 쉽지 않다는 것을 느끼고, 나잇값을 하며 산다는 것이 얼마나 힘든 것인가를 실감한다.

나잇값을 한다는 것이 결국은 사람값을 한다는 것인데 생각할수록 부끄럽기만 하다. 한 해의 마지막 달력을 걷어내고 새해의 달력을 걸면서, 지난 한 해 동안 내가 나잇값을 제대로 하며 살았나 하는 생각을 해 본다.

(2012)

새로운 인생

　오스만은 어느 날 한 권의 책을 읽은 뒤, 일순간에 그 책에 사로잡힌다. 이 책을 통하여 세상과 인생을 새롭게 인식하게 된 오스만은 책이 안내하는 대로 '새로운 인생'을 찾아 기나긴 버스 여행을 시작한다. 그는 새로운 사랑을 찾아 새로운 인생에 목말라하며 터키의 방방곡곡으로 떠나게 된다. 현대 터키문학을 대표하는 세계적인 작가이자 2006년 노벨문학상을 수상한 오르한 파묵의 소설 ≪새로운 인생≫의 내용이다.
　지난해 여름에 터키의 여기저기를 버스로 여행하면서 이국의 창밖 풍경을 내다보던 중에, 느닷없이 앞으로 나의 남은 인생은 어떻게 전개될 것인가 하는 의문을 가진 적이 있다. 지금과 마찬가지로 교육계에 종사하면서 때론 사명감으로 때론 자괴감으로 지루한 삶을 영위할 것인가, 아니면 오스만과 같이 새로운 눈을 뜨고 이 세상과 인생을 다시 한 번 바라보면서 인생을 마감할 것인가.

내가 만약 정년퇴임을 몇 년 앞당기게 된다면 그건 내 나름대로의 '새로운 인생'을 위한 열망 때문일 것이다. 이제 정말 나에게 주어진 남은 인생을 진정 나답게 살아 보고 싶다. 중년을 지나 삶의 전환을 감행하고 또 다른 인생을 살아가는 사람들의 모습을 바라보면 나도 새로운 인생의 꿈을 펼쳐보리라는 생각이 전혀 불가능한 것 같지는 않아 보인다. 40년 가까운 기나긴 세월 동안 한결같이 교직이란 자리를 벗어나 본 적이 없으니 앞으로는 내 인생에서 새로운 무언가를 설계하고 실행하며 살고 싶은 마음이 어찌 생기지 않겠는가.

세상은 너무나 숨 가쁘게 달라지고 있다. 자신의 인생에 대해서 더 진지하게 생각하는 사람들이 많아지고 있고 가치관도 많이 변하고 있다. 오직 물질적인 풍요만을 누리며 살고자 하던 세태에서 점점 정신적인 풍요를 누리고 싶은 쪽으로 생각이 바뀌어져 가고 있고, 가족만을 위해 헌신하던 사람들도 자신을 위한 삶을 추구하고자 하는 생각을 많이 하고 있다. 세속적인 성공이나 물질적 이득을 지키기보다는 내면의 깊은 부름에 가치를 두고 있기 때문이다.

오지랖이 넓은 친구가 김장을 맛있게 했다며 주말에 친구들을 불러 모았다. 우리가 도착하자마자 펄펄 끓는 솥에서 돼지고기를 막 건져올린다. 김이 뿌옇게 나는 큼지막한 돼지고기 한 토막이 통째로 나무 도마 위에 올려졌다. 그 옛날 제주의 '돔베고기'를 떠올리고 군침을 삼키며 듬성듬성 급히 썰어 김치에 돌돌 말아 먹었다. 입으로 들어가는 돼지고기에는 지나간 세월의 흔적도 고스란히 들어갔다.

분주하게 움직이던 친구가 소주와 막걸리를 들고 온다. 와르르 쏟아지는 함성과 함께 다들 건배를 들었다. "망년!" 무르익은 분위기에 매료되었음인지 고급 와인이 나온다. 투명한 황금색 와인이 담겨진 와인 병은 매혹적인 여인네의 몸매를 닮아있다. 우리는 함성을 질러댔고, 와인 잔에 찰랑찰랑 부어지는 맑은 소리도 운치를 더해줘 세상 부러울 게 없어졌다. 이 기분 그대로 건강하게 살자는 친구의 구호에 이번엔 건강관리 얘기들이 막 쏟아져 나온다.

골프에 빠진 친구는, 건강관리에 골프만 한 운동이 없다 하고 요가를 오래한 친구는 요가가 최고라며 늘어놨다. 이제껏 싱글로 살았던 친구는, 동고동락할 반쪽을 찾아 나서겠다는 중대발표를 한다. 콜레스테롤과 고지혈증을 달고 사는 나에게 한 친구는 헬스장에서 땀흘리는 운동을 해야 독소가 타 없어진다는 강변을 한다.

큰 수술을 받았던 한 친구는 "아프면 자신만 서글퍼지지 누구도 소용없더라. 앞으로는 무조건 자기 자신만을 위해서 살아야 해." 하고 단호하게 말한다." 그러자 모두 고개를 끄덕이며 화제만발하다. "그래, 이젠 우리도 성인이 된 자식들한테까지 뒷바라지할 필요가 없어 서구사회처럼 손을 떼야 개들이 진정 일어서는 거야. 정말 내 인생을 위해서만 살아야지." 생각만으로도 신바람이 나는 듯 하하 호호 웃음이 끊이질 않는데 웃을 때마다 깊게 드리워지는 주름살까지 오늘은 환하다.

나이가 들면서 그 나이만큼 주름살도 깊어간다. 주름이 깊어간다는 것은 삶을 볼 수 있는 눈도 깊어간다는 것을 의미하는 것이다. 주름살은 지나온 세월의 아픔을 말해주고, 삶의 고달픔을 보여주고, 앞으로 다가올 날들의 암울함을 기별해 준다. 이별도 만남도 기쁨도 아픔도 상처도 치유도 다 쓸어안고, 마치 아무 일 없다는 듯 나이테처럼 묵묵한 세월의 무게로 얼굴에 그려져 있다. 내가 잃은 것과 나를 떠난 것에 집착하지 말고 살아가라는 듯 말이다. 인생의 빛과 어둠이 어디에서 어디까지인지를 다 알고 있는 듯하다.

호기롭게 계속되던 중년 여인네들의 수다도 시간이 지남에 따라 점차 힘을 잃어갔다. 하나 둘 자리를 떠나고 간 자리에는 어지럽게 널려진 음식물과 술병들이 우리의 남은 인생과 같이 힘없이 흩어져 있다. 사람들이 떠난 저 자리처럼 나이가 들어 늙고 병들어가는 것은 슬픈 일이지만, '새로운 인생'에 대한 희망조차 가질 수 없다면 그야말로 더욱 외롭고 쓸쓸한 일이다.

지금 《새로운 인생》의 오스만은 버스를 타고 터키의 어느 곳을 달려가고 있을까. 그리고 지금 나는 어디로 달려가고 있는가.

(2012)

행복이 가득한 텃밭

학교 텃밭에서 고구마를 캐기로 한 날이다. 늦은 수확이라 날씨가 궂으면 어쩌나 걱정했는데 볕이 봄날같이 따사로워 다행이다. 벌써부터 고구마 수확에 대한 기대로 다들 가슴이 설렌다.

3학년 아이들이 속속 모여들고 있다. 잔뜩 기대에 부푼 얼굴들이다. 호기심을 자극하여 학습 효과를 노리려는 선생님들이 때를 놓치지 않고 질문을 던진다.

"얘들아, 이제 우리가 캘 고구마는 너희들이 늦봄에 묻어놓은 그 고구마 그대로일까?"

아이들은 눈을 반짝이며 말을 쏟아낸다.

"아니요, 그때 심은 건 이미 썩어 흙이 됐고 아기 고구마들이 생겼을 거예요." "아니야, 파 보면 엄마 고구마가 아직 살아서 할머니가 돼 있을 거야." "이상하다, 우리 할머닌 고구마 심을 때 엄마 고구마가 아닌, 줄기로 심는다고 했는데?" "선생님, 고구마가 열매 맺으려면 꽃이 있어야 하는데 고구마 꽃을 피우나요?" "꽃이 피었 겠지. 그래야 벌과 나비들이 꽃가루를 옮겨줬을 거고."

온갖 얘기를 풀어놓는 아이들을 보던 선생님이 주의를 집중시킨다. "모두 맞는 얘기들이야, 선생님이 박수를 보낼게. 우리, 고구마들 에게도 박수를 보내자. 왜냐하면 가뭄과 비바람을 잘 견뎌가며 무 사히 컸기 때문이야. 얘들아, 선생님이 줄기를 걷을 테니까 너희들 은 흙이 갈라진 곳을 파보렴."

고구마를 캐기 시작한 아이들은 흥분의 도가니에 빠졌다. "어어, 여기 고구마 머리 보인다, 여기도, 저기도…." 고랑에 한 줄로 앉아 고구마 수확에 들어간 아이들 모습이 한 폭의 그림이다. 고구마가 줄줄이 나올 때마다 여기저기서 탄성이 터져 나온다. 초롱초롱한 눈빛들과 재잘거리는 소리들. 자연과 아이이들이 한데 어우러진 잔치 한마당이다.

나도 어지간히 흥분됐다. 흙을 파헤칠 때마다 주렁주렁 매달려 나오는 황톳빛 고구마 가족들이 어찌나 신기하던지…. 그도 그럴 것이 난생 처음 캐보는 고구마임에랴. 고구마 캐는 재미에 푹 빠져 있다 보니 서너 시간이 훌쩍 지나갔다.

점심 뒤, 햇볕이 따사로운 화단 옆을 거니는데 벌들이 윙윙거리 며 날아다닌다. 국화꽃이 만발한 사이로 고구마 봉지를 들고 집으 로 가던 두 여자 애가 다가와 다소곳이 내 옆에 앉는다. 어여쁜

모습이 꽃을 닮았다.

한 아이가 머뭇거리더니 조심스럽게 입을 연다.

"우리 엄마가 그러는데요, 교장선생님은 성공한 어른이래요. 나도 이담에 선생님 되면 행복하게 살 수 있다고 하던데 맞아요?"

자신의 모습을 되돌아본다. 나는 과연 행복한가. 인생에서의 진정한 성공은 무엇이고 행복이란 무엇일까. 가진 것이 많거나 명예를 누린다고 반드시 행복한 것은 아니다. 일상에서 우리는 행복하냐는 질문을 받지만, 자신 있게 그렇다고 대답하기란 쉽지 않다. 나는 아름다운 꽃과 같은 아이들과 함께 있을 때가 가장 행복하다.

꽃은 신이 인간에게 선사한 가장 큰 선물이다. 꽃은 인간의 생로병사와 닮아 있다. 꽃은 인간이 태어나고 자라나는 모든 통과의례에 함께한다. 출생과 죽음의 의식에 꽃은 반드시 필요한 물건이다. 문명의 발전과 관계없이 인간은 꽃과 밀접한 관계를 맺어 왔다. 꽃은 한자리에 뿌리를 내리면 그 주변 환경에 적응하여 살아남아야 한다. 시인 괴테는 하늘에는 별이 있듯이 땅에는 꽃이 있으며, 사람 가슴에는 사랑이 있어 행복하다고 했다. 아이들은 생명의 꽃이다. 꽃의 가치는 무한한 생명력과 순진무구함에 있다.

아이들과 손에 흙을 묻히면서 하루를 보낸 덕분인지 오늘은 정말 행복한 하루였다. 평생을 두고 추구하면서도 쉽게 얻을 수 없는 것이 행복일 것이다. 그래서 인생은 행복을 찾아가는 파랑새라고들 하지 않는가. 오늘도 사람들은 행복을 기원한다. 그러면서도 우리들 눈앞에 있는 작은 만족은 지나치기 일쑤다. 우리들이 찾는 행복은 바로 눈앞의 작은 만족 속에 있다.

  벌써 거리에는 흥겨운 크리스마스 캐럴이 울려 퍼지고 있다. 또 한 해가 저물어간다. 새해에도 우리들 세상을 밝혀줄 새로운 태양이 떠오를 것이다. 하늘에 밝은 태양이 있는 한, 우리들 곁에는 행복이 있다. 그리고 땅 위에 꽃이 피는 한, 우리들의 삶엔 꿈과 희망이 깃들 것이다. 따뜻한 가슴으로 흙과 꽃과 이웃을 사랑하는 마음, 거기에 진정한 행복이 있는 게 아닐까.

(2009)

작은 것들의 소중함

지난달, 도교육청이 마련한 '책들의 가을소풍' 잔치가 한라수목원에서 열렸다. 늦가을의 숲 속은 감동 그 자체였다. 숲길을 오르내리는 사람들, 그중에도 책에 목마른 휠체어 아줌마, 아이들이랑 함께 온 엄마의 기대 어린 모습들…. 그 분위기 속에 있기만 해도 메말랐던 정신적 갈증을 촉촉이 풀어줄 것만 같았다. 황금 열매가 주렁주렁 달린 감귤밭을 바라보던 충만감에 비할 바 아니었다.

별안간 나를 밀치며 지나가는 사람이 있다. 애완견을 품은 현란한 차림의 한 여자. 품고 있는 강아지 꾸밈새 또한 주인 못잖다. 유행하는 가을 옷에 부츠신발, 분홍 염색의 머리털에 핀 장식이 가관이다. 그녀는 제 애완견을 범접하려는 개에게 돌멩이를 던지면서 악담을 퍼붓고선 친구에게 '얘는 불임수술을 했으니 안심'이라고 수다를 떤다. 한낱 동물에게도 제 몫의 삶이 있는데 저렇게 족쇄를 채우고 다니는 인간의 잔혹함이 가증스럽다. 제 발로 걷고 맘껏 짖고 새끼도 낳으면서 자연의 순리대로 살게 하는 것이 최소한 애완견에 대한 예의가 아닌가. 한데도 지체 높은 주인께선 애완견의 소중한 삶은 의중에 없는 듯하다. 강아지는 분명 주인의 무분별함과 자신의 삶에 대하여 좌절하고 있을 것이다. 세상엔 무한한 게 두 가지가 있는데 그 하나는 우주이며, 또 다른 하나는 인간의 어리석음이라고 한다.

나이 듦의 징후인가. 과거에는 눈길이 가지 않던 것들에도 관심을 두게 된다. 하잘것없는 것에 안타까워하고, 기억 너머 잊고 지내온 사람들의 안부도 궁금하다. 그동안, 감정에 쏠린 나머지 주변을 보는 시선이 무겁고 우울했던 것이 사실이다. 이 사람은 이래서 안 좋고, 저 사람은 저래서 야속하고. 지금은 누굴 봐도 좋은 점부터 보인다. 이 사람은 이래서 좋고, 저 사람은 저래서 좋고. 시간이 흐르면 녹이 슬었던 것에도 새로운 색채, 밝은 빛깔이 덧씌워지는지 모든 게 고마움의 대상으로 다가온다. '깨달음은 언제나 문득'이라는 말대로 쉰의 나이를 넘기고서야 비로소 모든 것을 '문득' 깨닫는다.

홀연 도란거리는 얘기 소리가 들린다. 모녀가 길섶에서, 뽑아 올린 꽃대에 허연 관모를 쓰고 앉은 동그란 민들레 앞에 바짝 다가앉아 있다. 화장기 없는 수수한 매무새의 엄마가 딸에게 홀씨에 대해 자근자근 설명을 하다가 "가는 길 방해해서 죄송합니다."라는 말을 잊지 않는다. 엄마를 닮은 아이의 미래가 보여 흐뭇하다.

몸치레든 말의 수사든 우리의 삶 속엔 적어도 함께 추구해야 할 공동선이란 게 있는 법이다. 꾸밈이 지나쳐도 격을 허물지만 너무 발가벗고 까발려도 볼썽사납다. 부끄러운 얘기지만, 예전엔 나도 솔직함을 내세워 속내를 고집스레 드러내놓던 적이 많았다. 인간이 원죄를 범하여 실오라기 하나 걸치지 않은 몸으로 에덴에서 추방당했다는 사실을 잊어버리고 있다.

씨 뿌리고 거두는 젊은 시절은 물론 수확을 하는 사십대가 후다닥 지나갔다. 오십대가 되면 어느 정도 가닥이 잡힐 것 같았지만 아직도 인생의 의미를 이해하지 못하고 있다.

세월이 지나가는 것을 애통해하며 후회하지 말고 이제부터라도 정신을 좀 차려야지 하지만 언제나 그 모습 그대로이다. 서 있으면 앉고 싶고, 앉으면 길게 누워 지내고 싶어지는 권태는 갈수록 심해진다. 숨차게 목표점에 오른 뒤의 달콤한 휴식은 풍요로운 순간이지만, 업무에 찌들어 숨을 쉬지 못할 지경이 되어도 깊은 권태에 빠지는 것은 어찌된 일인가. 일에 몰입하면서 틈틈이 빠져나와 휴식하는 것은 몸과 마음을 풍요롭게 해주는 것이 아닐까.

학교 안팎의 아늑한 분위기와 정취는 내 삶에 있어서 넘치는 휴식이며 선물이라 할 수 있다. 납읍 마을을 들어서면, 푸근한 울타리 안엔 누런 호박이 동그마니 앉아 있고, 집 마당의 팥감나무와 귤나무엔 노란 열매가 주렁주렁 달려 눈길을 사로잡는다. 마을 골목

어귀에서 만나는 어르신들과 학부모들은 미더운 인사를 건네 오고 아이들의 풋풋한 종알거림은 매일같이 받아 드는 행복 바구니다. 가을의 풍성함은 숲 속의 새들을 불러들인다. 달려온 새들은 내 품에 안겨오면서 커다란 행복이 되어 숨 쉰다.

 작은 것들은 소중하고 아름답다. 화려하지도 않고 부자도 아니지만 시골사람들에게서는 정겨움이 넘쳐난다. 지구별 곳곳에 깃들어 사는 야생의 생명들과 보금자리, 그들의 기쁨과 아픔은 모두 소중한 것들이다. 누구도 알아주지 않고, 쉽게 드러나지 않는 것들도 모두 생명을 가지고 있고 행복을 노래하고 있다.

 자연을 사랑하는 마음은 나무 한 그루를 소중히 여기는 마음에서 나온다. 나무는 삶의 뿌리이고 소통이며 미래를 열어가는 생각이다. 녹색은 살아 움직이는 생명이다.

 학교에서 집으로 돌아가는 길에 아이들과 함께 올려다본 가을 하늘은 눈이 부실 정도로 찬란했다.

(2005)

태풍 뒤에 뜬 보름달

　제주가 태풍 '나리'로 유례없는 물난리를 겪었다. 십수 명이 급류에 휩쓸려 사망하거나 실종된 데다 재산 피해도 1천억 원대를 넘어섰다. 세계 자연유산으로 등재된 보물섬 제주가 만신창이가 된 것이다. 3천여 가구와 상가가 침수됐는가 하면, 거목이 뿌리째 뽑히고 차들이 물살에 휩쓸렸다. 갑자기 불어난 물이 산을 타고 내리면서 순식간에 범람해 아스팔트까지 동강냈다. 농작물이 물에 쓸려 농심이 숯덩이가 다 됐고, 추석대목을 맞은 재래시장에선 물건들이 물에 떠내려가 상인들이 가슴을 쳤다. 정전과 물 폭탄을 맞아 초토화한 제주는 암흑과 고립과 단절의 악몽을 보내야 했다. 끔찍한 수마였다. 인간의 산업문명을 비웃기라도 하듯 마구 휘저어놓은 재해 앞에 우리는 망연자실할 수밖에 없었다. 정부가 제주를 특별재난지역으로 지정해 지원금과 수천 명의 지원인력을 보냈지만 턱

없이 모자란다.

생각해보면 최근 들어 이 지구는 너무나 큰 고통과 수난을 겪고 있는 것 같다. 지구는 수백만 종 이상의 동식물들이 서식하면서 토양과 공기의 똑같은 분자를 사용하고 있다. 그러면서도 너무도 복잡한 행성이므로, 섣부르게 함부로 다루어질 수 없는 행성이다. 인간들은 지나치게 지구의 토양과 공기를 남용하고 있는 것이다. 복잡한 메커니즘에 변화가 나타나면 언제나 어느 정도 위험을 동반하게 되므로, 가능한 모든 자원들을 신중히 이용하고 변화시켜야 한다. 오랫동안 인류는 생명을 소중히 여겨 왔지만 최근 들어 자연이 파괴되고 그와 더불어 지구도 큰 변화를 일으켜 지진과 태풍과 해일이 거듭되고 있는 것이다.

우리 교직원들은 새벽부터 달려와 안간힘으로 태풍과 맞섰다. 퍼붓는 비와 포효하는 바람은 공포 자체였다. 비탄과 경악의 소리가 사방에서 들려왔다. 차에서 내리던 사람이 휩쓸렸네, 복개천에 물이 넘쳐 아파트 일층을 집어삼켰네, 차에 탔던 일가족이 떠내려갔네, 차량 수십 대가 곤두박질쳤네 하면서 온 곳이 아비규환이다. 어쩌다 사람들이 이토록 자연을 노하게 했을까. '일요일이라 학생들이 등굣길에 다치지 않아 그나마 다행'이라며 가슴을 쓸어내리는 선생님들.

섬을 삼킬 기세이던 비바람은 오후 다섯 시경부터 차츰 수그러들기 시작했다. 선생님 몇 분과 학교에서 밤을 꼬박 지새우고 뒷날은 성읍마을을 한 바퀴 돌았다. 초가지붕들은 거의 무너졌고 천년 묵은 팽나무조차도 쓰러져있을 정도로 마을은 초토화 되어 있었다.

　이튿날 오후가 되자 언제 그랬냐는 듯 하늘이 푸름의 순도를 더해 눈부셨지만 태풍이 남기고 간 상처는 깊었다. 주변은 흡사 전쟁터를 방불케 한다. 우리 학교라고 예외가 아니었다. 아이들 자전거를 보관하는 창고 천장이 발기발기 찢겨 흉물스럽고, 진입로는 쓰러진 나무들과 쓰레기 더미로 뒤범벅이다. 트럭 몇 대 분으로도 모자랄 이 어마어마한 쓰레기들을 어떻게 치워야 하나.

　한데 뜻밖에 구호의 손길이 다가왔다. 성읍마을 청년회원들과 학부모들이 굴삭기까지 끌고 와 시종 웃음 속에 복구를 하기 시작한다. 그제야 교직원들 얼굴에 생기가 돌고 운동장 주위는 활기로 넘쳐났다. 삶이 고단하고 힘겨울 때, 나를 지탱해주는 힘은 무엇이었던가. 가까이서 멀리서 나를 도와준 사람들의 힘 덕분이었다.

　힘들고 절망적인 순간에도 함께 어려움을 나누면 그 고통은 희석된다. 우리가 원했든, 원하지 않았든 고통은 이렇게 와서 그렇게 가는 것. 그렇게 또 다른 해가 떠오른다. 괴로웠던 절망의 순간도 시간이 지나면 새로운 태양이 뜰 때가 오는 것이다.

　시력이 부쩍 나빠진 요즘이다. 가려서 보고 덜 보라는 신호라 여기고 조금은 남의 결함을 봐 넘기며 살아야겠다고 생각한다. 남의 말에 귀 기울이되 나의 말은 삼가야겠다. 벤저민 프랭클린은 "말은 나뭇잎과도 같은데 나뭇잎이 무성할 때는 과실이 적다."라고 말했다. 그럴싸하게 포장해 하는 말이나 과장된 말의 부질없음보다 절제 속에 좋은 과실을 영글게 하고 싶다.

가을의 곡식도 나무도 열매를 영글게 하느라 제 살 떼어내듯 이파리 한 장씩 땅으로 지며 조용한 아픔을 겪고 있다. 한 친구는 가을이 허탈하여 싫다지만, 나는 스치듯 지나가는 가을이 늘 아쉽다. 흡사 사랑하는 이와 더 머물고 싶은데 그만 헤어져야 할 때처럼 가을은 아쉬운 계절이다. 예년에 비해 길었던 이번 추석 연휴 때문에 사람들이 헤어지는 아쉬움은 전보다 더 컸을 것으로 보인다.

그런데도 귀성을 거르는 사람들은 없다. 누구에게든 고향은 존재의 시원始源이다. 수해로 삭막해진 이 섬에도 어김없이 보름달은 떴다. 한가위 달은 넉넉하다. 흩어져 있는 가족들을 한자리에 모아 놓는 한가위는 우리에게 모든 것을 모으는 통합의 날이다. 잠시 고향에 왔다 돌아가는 수많은 사람들 마음이 넉넉해져 모두 하나가 되기를 빈다.

(2007)

삭막한 겨울 풍경

새벽 산책을 나섰다. 맵싸한 공기가 얼얼하다. 냉기를 털어낸다고 마사이족처럼 빨리 걸어 본다. 몸이 쉽게 데워지지 않는다. 오늘이 소설小雪이라니 이제 본격적인 겨울이다.

숨 가쁜 삶에서 자신을 고요히 응시할 수 있는 시간이다. 이 때만이라도 일상의 속박으로부터 해방되고 싶다. 나와의 진정한 만남을 위해 만든 시공時空, 팽팽한 긴장에 가위눌리다가도 이 시간, 이 자리에만 서면 마음이 편안해지면서 새 날에 대한 설렘이 향기처럼 날아다닌다.

공원에 가니 한발 앞선 아줌마, 아저씨들이 오랜만의 나를 무척 반긴다. 사람들과 어울려 걸으며 대화가 물 흐르듯 넘쳐난다. 한 달만 더 사셨더라면 백수를 누리셨을 할머니의 영면에 흐느끼는 나를 위로해주는 마음들이 따스하다. 함께하노라면 어느새 맺혀 있던 게 확 뚫린다. 한창 풍상을 겪는 초로들이라 배려하는 마음이 절로 우러나온다. 우리는 쉽게 한마음이 된다. 새벽의 진한 솔향 속 평온한 산책에서 경험하듯이 행복도 별것 아닌 것 같다.

오늘은 뜻밖의 냄새가 코를 찌른다. 공원을 몇 바퀴 도는데 한편에서 웬 술렁임이 일어난다. 흡연 시비였다. 아까부터 남자 두 분이 벤치에 앉아 줄담배를 피우는 게 내심 불쾌했지만 애써 모른 척 지나쳤는데, 아저씨 한 분이 나선 것이다. 상쾌한 아침에 안 피우면 안 되냐고 면박을 준다. 그러자 단박 큰소리가 나온다. 금연구역이라고 어디 써 붙이기라도 했나, 왜 아침부터 재수 없게 구느냐며 대든다. 담배를 피울 권리가 있다는 주장이다. 그렇다면 담배 연기를 안 맡을 권리도 있는 게 아닐까. 삽시간에 숲 속 공기가 험악해졌다.

지켜보던 몇몇이 가세하면서 급기야 전세는 역전. 승리의 깃발이 나부끼고, 끽연의 당위를 펴던 쪽이 슬그머니 꽁무니를 뺐다. 그들은 길거리나 공원을 흡연의 해방공간쯤으로 여기는가. 담배꽁초를 차창 밖으로 내던지는 것도 예사다. 공중도덕 불감증이 우리 아이들의 가치관을 흔들어놓지나 않을까 염려스럽다.

아까부터 영구임대아파트에 사시는 할아버지 한 분이 이쪽 소란에도 무심하게 묵묵히 쓰레기만 치우고 있다. 간밤에 한 떼거리가 벤치 옆에서 삼겹살이라도 구워 먹었는지 소주병과 은박지, 타다 남은 나뭇가지들이 마구 널브러져 있었던 것이다.

소란이 진정되자 괄괄한 성격의 K가, 왜 조금 전엔 남의 일인 양 모른 척했냐고 볼멘소리를 한다. 그러자 그분은 잠시 뜸을 들이더니 이렇게 말한다. "늙은이는 입 지퍼를 단단히 채워야 한답니다. 입장이 서로 다를 뿐 모두 옳아요 허허." 오늘 따라 그분이 더 넉넉하고 행복한 모습으로 다가온다.

돈이 곧 행복이라고 말하는 이들이 적지 않지만 과연 그럴까. 어쩌면 무얼 많이 거느릴수록 번거롭고 불안할지도 모른다. 큰 빌딩을 몇 채 갖고 있는 친구를 부러워한 적이 있었는데 그 친구는, 차라리 재산이 많지 않은 게 훨씬 속 편하니 그대로 살란다. 빌딩이 있으면 사람이 빌딩을 거느리는 게 아니라, 빌딩이 사람을 옥죄니 제발 돈을 쫓아가지 말라며 손사래를 친다. 홀가분하게 훨훨 날아다니며 사는 게 최고란다.

'천석꾼은 일천 걱정, 만석꾼은 일만 걱정'이라는 말이 있다. 부자가 돼 보지 않아서 모르겠지만 골치 아픈 부자보다 소시민으로 그저 속 편히 사는 게 제일일 것 같다. 긍정적이고 단순한 삶은 엄청난 재산보다 가벼운 것이다.

사람의 욕망을 표현할 때, 돈·명예·권력은 꼭 쓰이는 말이다. 그중에서도 돈은 항상 그 첫 번째에 등장한다. 그 만큼 사람들에게 돈의 가치는 중요한 것이고 많은 사람들은 자신의 열정과 시간을 돈을 쫓아 투자한다. 돈은 우리의 삶에서 매개체 역할을 한다. 돈의 가치가 중시되면서 우리는 돈에서 사람의 모습을 볼 수 있다. 사용할 줄 모르는 돈은 돈이 아니다. 내가 돈을 사용해야 하는 목적이 없다면 돈에 대한 가치가 없다.

김밥을 팔아서, 떡 장사를 해서 수억 원을 기부하는 할머니가 있는가 하면 삯바느질로 힘겹게 모은 전 재산을 기부하는 할머니도 있다. 심지어 위안부 피해 할머니가 생계를 쪼개 장학금을 기탁하는 등 우리 사회의 기부문화는 거의 할머니들에 의해 이루어지고 있다 해도 과언이 아니다. 평생 제대로 먹지도 않고 입지도 않으면서 모은 전 재산을 기부하는 사람들의 미담이 간혹 매스컴에 소개될 때면 부끄럽고 그들이 대단해 보인다.

남을 생각하기에 앞서 자신의 즐거움, 자기 가족의 안락을 먼저 생각하는 게 인지상정일 텐데도 기꺼이 자기를 희생하면서 남을 돕기 위해 선뜻 내놓는 사람들의 마음은 얼마나 훌륭한가. 이들이야말로 우리 사회에 따뜻한 등불을 켜는 위대한 사람들이라 하지 않을 수 없다.

오랜만에 고향에 내려온 친구와 레스토랑에 갔다가 낭패한 적이 있다. 계산을 하려고 핸드백을 뒤졌더니 지갑이 없질 않은가. 맵시 낸다고 핸드백을 바꾸면서 미처 돈지갑을 넣지 못한 것이다. 같은 물건을 몇 개 소유한 데서 자초한 실수였다. 당황스러워하는데 여주인이 웃으며 다음에 계산하라지 않는가. 단골도 아닌 낯선 사람을 믿어주는 그 무한 신뢰에 가슴 뭉클했다. 각박하다고들 하나 세상을 지탱해주는 아름다운 모습은 여기저기서 보석처럼 빛난다.

신뢰는 신뢰를 낳는다고 한다. 사람들은 귀보다는 눈으로 상대방의 신뢰성을 판단한다. 말이 아니라 행동이 신뢰의 판단 기준이라는 얘기다. 즉, '신뢰는 보는 사람의 눈 속에 있는 것'이기 때문이다. 나는 다른 사람들에게 얼마나 신뢰받는 존재이며 또한 남을 위해 무엇을 베풀면서 살아가고 있는가.

크게 이룬 것도, 잃은 것도 없는 한 해를 되돌아본다. 뒤를 돌아보지만 이렇다 하게 남에게 베푼 것이 별로 없다. 늘 베푸는 삶을 살아오신 외할머니를 여의면서 요 며칠 사이 생이란 무엇인가를 곱씹어 보게 된다. 나이를 먹으면서도 베풂이 별로 없는 내 안의 풍경이 삭막하기만 하다. 나를 비우면서 남에게 베푸는 삶이 결국 자신을 채우는 법이라는 것을 잊으며 살아가고 있다.

(2007)

잔인한 사월

 사월이 되어 숨어있던 꽃과 초목들이 다시 피어나고 겨우내 얼어있던 한라산 눈이 녹기 시작하면, 사람들은 새봄의 희망과 축복을 이야기한다. 그러나 영국의 유명한 시인 T. S. 엘리엇은 〈황무지〉라는 시에서 "사월은 가장 잔인한 달, 죽은 땅에서/ 라일락꽃을 피우며, 추억과/ 욕망을 섞으며, 봄비로/ 생기 없는 뿌리를 깨운다."고 노래했다. 시인은 현대적 삶을 희망이 사라지고 절망이 가득한 시간으로 표현한 것이다.
 정말 사월은 잔인한 달인가. 우리나라에서 또 다시 어처구니없고 기막히게 슬픈 일이 생겨 온 국민을 충격에 빠뜨렸다. 진도 앞바다에서 제주로 향하던 여객선이 침몰하는 사건이 생겨 온 국민이 슬픔에 잠겼다. 희생당한 승객들 한 명 한 명 모두가 소중하지 않은 생명이 없지만, 특히 사망자들 대부분이 수학여행을 가던 고등학생들이라 더욱 애통하게 한다.

세상의 수많은 아픔과 상처 가운데 가장 치유가 어렵고 극복하기 힘든 것은 여러 가지가 있을 것이다. 그중에서도 부모형제, 배우자가 죽었거나 매우 가까웠던 친구나 친인척이 죽었을 때 우리는 슬퍼한다. 그러나 무엇보다 가장 슬픈 일은 아마도 자기 자식을 잃은 부모의 슬픔일 것이다.

흔히 우리는 단장의 슬픔이라는 표현을 쓰지만 이것은 당해 보지 않은 사람은 아무도 모른다. 다른 슬픔은 다 시간이 지나면 잊히는데 자식을 잃은 슬픔은 자신이 죽을 때까지 가슴에 묻고 간다. 그래서 "자식은 부모를 땅에 묻지만, 부모는 자식을 가슴에 묻는다."라고 했다. 자식을 가슴에 묻어야 하는 슬픔, 우리는 지금 세월호 침몰로 인한 실종자 가족의 피맺힌 절규를 듣고 있다.

기막힌 사고로 어느 날 갑자기 부모 형제와 자식을 잃은 이들의 마음을 무슨 말로 어떻게 위로할 수 있을 것인가. 이 세상에서 가장 사랑하는 사람의 생명을 잃고 몸부림치는 부모들의 모습을 바라보면서, 우리의 생명은 나 자신뿐만 아니라 나를 사랑하는 모든 사람의 귀중한 보물이라는 것을 다시 한 번 실감하게 된다.

한 사람의 생명은 지구보다 더 무겁다고 했다. 그리고 우리가 생명을 소중하게 여겨야 하는 이유는 무엇보다 더불어 살아가는 사람들이 있기 때문이다. 나의 생명만큼이나 타인의 생명이 중요한 이유가 여기에 있다. 한 사람의 생명이 잘못되었을 때 그 구성원

전체가 불행에 빠지게 된다.

　슬픔은 함께 나눌 때 가벼워질 수 있다. 먼저 이 아픔을 공유하면서 슬픔을 함께 나누어야 한다. 그리고 사랑과 지혜와 자비의 마음을 일으켜 우리 모두의 슬픔을 이겨나갈 수 있는 길을 찾아야 한다. '득생인도난得生人道難이요, 생수역난득生壽亦難得'이라는 옛말이 있다. 사람으로 태어나기 어렵고, 또한 태어나도 생명을 유지하기가 참으로 어렵다는 뜻이다. 따라서 이 세상에서 가장 성스러운 일은 바로 이 생명을 잘 보존하는 것이다. 우리가 잊어버린 생명, 우리가 놓쳐버린 생명을 다시 찾아야 할 것이다.

　생명의 존엄함이 사람들에 의해서 자꾸 망각되어 가고 있다. 소중한 생명들이 바다에 잠겨가던 순간에도 '세월호'에는 다양한 사람들이 있었다. 오로지 자신의 생명만을 보존키 위해 자신이 해야 할 일을 버리고 도망친 사람이 있는가 하면, 마지막 순간까지 자신을 희생시키면서 위기에 빠진 사람들을 구출하고자 한 사람들도 있다. 우리 사회가 진정으로 인간다운 공동체가 되기 위해서 우리는 인간다운 품성을 새롭게 수립해야 하는 일이 무엇보다 시급하다.

　오직 나만 살고자 하는 이기주의가 우리 사회를 병들게 하고 있다. 과학기술과 자본주의의 위세 속에서 인간의 무모함과 자만은 끝없이 치달으며 끔찍한 사고들을 낳고 있다. 물질만능 시대의 이기주의와 욕망 앞에서는 정신이 병들어 생명을 경시하는 풍조가 만연하게 되는 것은 당연한 현상이다. 개인은 개인대로, 가정은 가정대로, 국가는 국가대로 올바르게 나아가기 위해서는 물질과 기술만 앞세울 것이 아니라 인간다운 정신과 생명 중시의 사상을 함양하는 것이 무엇보다 중요하다는 사실을 깊이 인식해야 할 것이다.

우리 국민들도 이제는 더 이상 더 빨리 가고, 남보다 성공하기 위한 경쟁의 논리만으로 세상을 끌고 가서는 안 된다. 정직, 성실, 책임감이 기본 덕목이 되어 각자의 자리에서 자신의 할일을 다하는 세상을 만들어야 한다.

우리 사회는 급속한 경제성장과 과학기술은 발전했으나 경제민주화와 복지는 아직도 후진성을 지니고 있고 올바른 합리적 관행과 질서는 마련되지 못했다. 외형적이고 형식적인 민주화는 이뤘으나 사회적 양극화와 특권적 관행은 심화되고 있다. 진정한 민주사회에 걸맞은 국민정신, 사회적 공동체 의식, 민주적 공직문화를 확립하지 못했다. 나라가 위기에 빠지거나 큰 재난을 당할 때 국민들이 놀라운 자발적 헌신성을 보여주지만 그것은 일시적인 행동에 그치고 만다. 국민들의 진정한 자치와 협동, 헌신과 참여를 시민사회 속에서 생활화해야 할 것이다.

희생자들의 명복을 빌며, 가족들의 아픔에 간절한 위로의 기도를 올린다. 그러나, 우리는 결코 잊지 말아야 한다. 지금 우리가 받은 충격과 슬픔이 시간이 지나가면 망각 속에 묻힐 것이라고 생각하면서 예전의 존재방식을 그대로 이어가서는 안 된다. 우리가 겪어야 했던 비극을 상기하면서 다시는 이런 불행이 되풀이되지 않게 해야 할 책임이 우리 어른들 모두에게 있다. 잔인한 사월의 그림자가 우리들에게 짙게 드리워져 있다.

(2014)

이성과 감성 사이

영국의 유명한 여류작가인 제인 오스틴의 작품 중에 ≪이성과 감성≫이라는 소설이 있다. 작가는 이 작품에서 언제나 분별을 잃지 않는 '이성'적인 언니 엘리너와 사랑에 울고 웃는 '감성'적인 동생 메리앤을 통하여 사랑과 실연, 결혼의 과정을 보여준다. 두 사람이 보여주는 이성적인 삶과 감성적인 삶의 대비를 통해 작가는 어느 것이 더 가치 있는 삶인가를 독자들에게 묻고 있다.

이야기의 결론을 두고 보자면 과연 이성을 대표하는 엘리너가 감성을 대표하는 메리앤을 이긴 것인가. 엘리너와 메리앤은 남녀 간의 사랑에 있어서도 서로 다른 방식을 택한다. 엘리너는 자신의 고통과 아픔을 겉으로 표현하지 않고 속으로 삭이면서 타인을 배려하는 태도를 취한다. 반면에 메리앤은 자신의 열정, 행복을 드러내며 맘껏 정열적인 사랑을 불태우나 결국 실연의 고통 속에서 괴로

위하며 앨리너를 비롯해 다른 사람들까지 괴롭힌다. ≪이성과 감성≫을 읽으면서 나는 때로 엘리너가 되기도 하고, 때로 메리앤이 되기도 했다. 사랑은 이성과 감성에 따라 그 시작과 끝의 의미를 달리한다는 사실을 알게 되면서 사랑은 점점 더 어려운 것이라고 느끼게 되었다.

이성과 감성은 시대와 공간을 초월하면서 인간 삶의 소중한 양면적 가치로 여겨지고 있다. 개인과 사회가 직면하게 되는 많은 고통과 고민은 이 양자 사이의 대립과 충돌 그리고 선택의 어려움 때문이라고 할 수 있다.

최근 우리 사회에 나타나고 있는 여러 가지 형태의 정치적·사회적 갈등과 대립은 이성과 감성의 조화가 얼마나 중요한 것인가를 잘 보여주고 있다. 한 사회가 조화롭고 건강하게 형성되기 위해서는 지나치게 감성에 이끌려서도, 지나치게 이성에 의해 지배되어서도 안 될 것이다. 감성적인 여론과 분위기에 의해 사회가 이끌려지게 되면 법과 규칙이 흔들리게 될 것이고, 반면 논리와 이성에 의해서만 지배되는 사회는 인간다움이 상실된 비인간적인 사회가 될 것이기 때문이다.

감성은 주로 인간의 본능과 관계되는 세계이다. 따라서 감성에만 치우치는 세계는 스스로 억제하고 조정하는 능력이 모자라 비이성적인 행동을 하게 된다. 흔히 인간은 이성적인 존재이고 동물은 감성적인 존재로 일컬어진다. 감성적으로 살아가는 동물들은 본능에 따라 행동하고 철저하게 약육강식의 논리에 따라 움직인다. 편의대로 살아가고 힘의 논리에 따라 상대를 지배하고 복종하면서 살아갈 따름이다.

만물의 영장이라 불리는 인간은 동물적인 충동에서 벗어나 이성에 따라 생각하고 행동을 해야 한다고 배운다. 진화론은 인간이 동물의 연속에 지나지 않음을 가르쳤지만, 인간은 이성을 중요시하며 인간 세상에는 이성의 논리가 지배한다. 인간이 만든 법과 규율과 관습은 모두 이성의 힘에 의한 결실이라고 할 수 있다.

나는 늘 '이성과 감성' 사이를 오가며 고뇌한다. 나의 내부에서는 이성과 감성이 서로 대립하면서 제로섬 게임을 하고 있다. 어느 때에는 "난 이성적이지 않아. 감성적인 사람이야." 아니면 "나는 감성적이지 않아. 이성적인 사람이야."라는 식의 갈등은 지속적으로 내부에서 일어나고 있다. 이성과 감성 사이에서 위험한 줄타기를 하면서 계속해서 어느 한쪽을 선택하기를 강요당하고 있는 것이다. 그러나 옳고 그른 일을 행할 때에도 나는 감성의 힘에 의해서 때론 분노와 슬픔, 평온과 희열 같은 감정을 느끼게 되고, 그것이 나를 인간답게 만든다고 생각한다.

하루 종일 감성적인 것과 이성적인 것 중에서 무엇이 옳은 일일까를 고민하는 경우도 있다. 온종일 여러 차례 결재를 받기 위해 오는 사람들과 마주하다 보면 때로 감정에 이끌려 이성이 양보해야 하는 경우도 있고, 감정을 억제하고 이성을 앞세워야 하는 경우도

흔하다. 남의 일에는 조언도 잘해주고 상담도 잘해주면서 막상 나에게 닥친 일에는 작은 상처도 혼자 크게 받아들인다. 선생님들과 토론하고 아이들을 만나서 종일 웃고 놀면서도 때로 나의 아픈 가슴속은 저려오며 가라앉지 않는다. 그러면서도 너무나 이성적이고 이성적인 척 말하고 행동해야 하는 모습을 감성은 지긋이 바라본다. 이런 이중적인 나의 내면이 가끔 싫어진다. 이성과 감성이 대립할 때 이성이 감성을 누르면 냉정한 이성이 튀어 오르고, 이성을 누르면 우유부단한 감성이 튀어 오른다. 감성을 이해하면 따뜻한 감성이, 이성을 이해하면 현명한 이성이 나를 감싸온다.

이성이 밝은 빛이라 한다면, 감성적 욕망이나 정념情念은 어둡고 맹목적인 힘인지 모른다. 이런 이성과 가장 날카롭게 대립하는 것은 기쁨·슬픔·분노·욕망·불안 등의 정념이다. 이것은 어둡고 비합리적인 힘으로서 내부로부터 폭발한다. 이것을 이성적 의지에 의하여 통제하지 못하면 정신의 자립성을 유지할 수 없다. 다른 동물에 비해 고귀한 존재로 정해진 인간은 정열적이고 도취적인 생활 속에 파묻혀 먼지와 피로 더럽혀진다고 하더라도 비굴해지지 않고자 하며 자신의 내부에 깃들인 빛과 창조력의 불을 쉽게 끄려 하지 않는다.

모든 동물들은 감성을 가지고 있다. 인간도 감성을 가지고 있지만 인간은 감성보다 이성이 더욱 다양하고 복잡한 양상을 보인다. 인간이 이성을 가진 중요한 이유의 하나는 오늘도 내가 서서 걷고 손짓하는 직립보행 때문이라 할 수 있다. 직립보행을 하다 보면 두 손을 자유롭게 사용할 수 있고, 두 손을 자유롭게 사용하다 보면 이것저것 하고 싶어진다. 그런 가운데 사물이나 주변 환경에 대해 의문을 갖고, 의문을 가지면서 그것을 해결하려고 하고, 그러면서 인간의 이성은 발달하기 시작하게 되었다.

그러나 감성 없이 이성만 지배하는 삶, 혹은 반대로 이성 없이 감성만 지배하는 삶의 모습은 어떠한 것이 될까. 이성은 인식이나 사고의 세계이고, 감성은 감각이나 인체의 영향을 받는다. 인간은 이성을 통해서 스스로를 조정하고 통제하게 되고, 또한 사실의 옳고 그름에 대한 중요한 판정의 기준을 삼게 된다. 이성과 감성이 끝까지 싸우면 누가 이길까?

바쁜 생활 탓인지 최근 들어 감성이 자꾸 메말라가고 있음을 느낀다. 깊고 풍부한 감성 사이에 이성이라는 정체불명의 덩어리가 나타나 나의 감정과 욕망의 틈 사이에 커다랗게 자리하고 있다. 인간에게 있어서 산다고 하는 것은 이성과 감성 사이에서 대롱대롱 매달려 울부짖는 처연한 모습일지 모른다.

저녁 설거지를 마치고 정리를 하던 중에 선반 위에 가지런히 놓아둔 그릇들 사이로 물방울이 뚝뚝 떨어진다. 이제 잠시라도 휴식을 취하려고 하는데 왜 또 행주를 잡게 만드는가. 하루의 마지막 순간까지 이성과 감성은 나를 번뇌와 갈등으로 몰고 간다. 낮 동안 심각한 업무의 시간 속에서는 감성의 흐름에 휩쓸리지 않고 고상한 이성이 승리해 주길 간절히 바라면서 일해 왔지만, 안락한 감성을 위한 휴식의 시간까지 이성을 위한 선택은 강요된다.

  이 끝없는 이성과 감성의 번뇌와 갈등 속에서, 언제까지 인내하며 짐짓 근엄한 표정을 지어야 할 것인가. 이러다가 나의 감성은 이성에 완전히 압도되어 내 가슴에는 눈물도 웃음도 슬픔도 기쁨도 사라져 버릴 게 아닌가.

(2014)

4부
사랑의 징검다리

중국자본유입의 허虛와 실實 | 독서의 계절, 정치의 계절 | 부모님의 사랑
총선 이후의 봄 | 아듀! 2013년 | 관광, 경제논리로 풀어야
제주여인 김만덕 | 힘찬 날갯짓으로 | 사랑의 징검다리
안경 너머로 보는 세상 | 사람 냄새 | 앉은 자리가 꽃자리

중국자본 유입의 허虛와 실實

2002년 제주가 국제자유도시로 출범하면서 제주사람들은 꿈에 부풀어 있었다. 외국인 관광객과 외국 자본을 유치하면 금방이라도 부자가 될 것 같았기 때문이다. 2001년 제주를 찾은 외국인 관광객은 29만 명에 불과했지만, 2011년에는 100만 명을 넘어섰고 올해는 벌써 천만 명에 육박할 것이라고 한다. 그런데 문제는 외국인 관광객들의 대세가 중국인들에게 집중돼 있다는 사실이다. 지난 몇 년 사이에 부쩍 중국 관광객이 몰려오고 중국 자본금이 유입되면서 이것이 앞으로 제주의 미래에 독이 될지 약이 될지 분간이 서지 않는다. 중국인들은 가히 폭풍흡입이라고 할 정도로 땅이건 빌딩이건 회사건 가리지 않고 엄청나게 매입해 가고 있다.

그럼에도 불구하고 지금 제주도정은 이 같은 상황에 대해 어떤 대책을 강구하고 있는지 의심스럽다. 모름지기 외자유치란 산업자본을 들여와 지역경제를 활성화하는 것이지 외국인들에게 땅을 마구잡이로 팔아먹는 것은 아니다. 게다가 5억 원 이상만 투자하면 영주권까지 준다고 하니 도대체 앞으로 제주의 운명이 어떻게 될 것인지 암담한 생각마저 든다.

제주가 앞으로 중국 땅이 될 것이라는 도민들의 우려는 결코 지나치지 않다. 외국인 투자이민자들을 위한 현행제도는 부동산 투기를 부추기며 개발을 조장하는 측면이 짙다. 하물며 무분별한 관광지 개발은 환경을 엄청나게 오염시키고 훼손시킬 것은 자명한 사실이다.

얼마 전 제주도교육청은 환경부 주관 '공공부문 온실가스 목표관리 이행실적 평가'에서 전국 16개 시·도교육청 중 1위를 차지했다. 환경을 보존하기 위한 교육청의 이런 각고의 노력과 성과도 외국인들의 분별없는 관광지 개발로 인해 아무런 의미가 없어질 것이다.

중국인들은 벌써 제주에 수천억 원에 달하는 엄청난 투자를 했고 경관이 좋은 곳은 대부분 그들이 점령하고 있다. 중국인들이 구매한 토지 면적도 빠르게 늘어 투자이민제도가 시작된 2010년에 비해 올해는 거의 50배에 달한다고 한다. 또한 제주 부동산시장에 몰려든 차이나머니가 3조 원에 가깝다고 하니 놀라울 따름이다. 과연 중국의 이런 자본투자가 제주경제에 얼마나 기여하는 것일까. 제주 도정이 중·장기적인 관점에서 그 손익계산을 꼼꼼히 따지고 있는지 궁금하기 짝이 없다.

정말 이렇게 무방비 상태로 중국인들에게 제주를 생각 없이 개방하고 투기하도록 그냥 두어도 될 것인가. 엄청난 대세로 밀려오는 중국의 자본을 이런 추세로 방치한다면 앞으로 몇 년 후 제주는 어떻게 될 것인가. 신제주 바오젠거리에서는 중국인들이 상가 건물을 무차별 매입해 임대료와 권리금이 두세 배 뛰었다고 상인들은 아우성이다.

산방산과 형제섬을 품고 있는 제주 송악산 자락이 최근 중국의 부동산 개발회사에 팔렸는데 그 자리에 6성급 호텔과 콘도 등 대규모 휴양단지가 들어설 예정이라고 한다. 지금 제주 곳곳에서는 중국자본에 의한 개발의 광풍에 휩싸여 오름과 곶자왈과 동굴이 무너지고 있다. 제주도는 지역 경제를 살린다는 명분으로 투자 유치에 사활을 걸고 있지만, 문제는 외국자본 유치와 개발이 어찌 이렇게 졸속으로 이루어지고 있느냐는 것이다.

이 소중하고 아름다운 우리의 제주 섬을 어떻게 함부로 남에게 내줄 수 있단 말인가. 제주의 행정을 책임지고 있는 사람들은 후손들에게 어떻게 변명할 것인가. 선조들로부터 물려받은 소중한 땅이 외국인들에게 넘어가 제주가 그들의 잔치판으로 변해버린다면, 이를 바라보는 설문대할망도 땅을 치며 대성통곡할 일이다.

(2013)

독서의 계절, 정치의 계절

가을이 깊어가고 있다. 가을을 표현하는 말들은 다양하게 많다. 흔히 가을을 '낙엽의 계절'이라 하는데, 가을에 낙엽이 지는 것은 너무 당연해 수사적 상상력이 다소 떨어지는 표현이다. 가을을 '고독의 계절'이라고도 하는데 굳이 여름과 겨울 사이에 특별히 고독할 것은 무엇인가. 우울한 기후 탓이라면 삭풍 부는 겨울이 훨씬 더 고독하지 않은가.

'남자의 계절'이니 '낭만의 계절'이란 말도 애매하긴 마찬가지다. 계절을 사람들의 자의적인 느낌에 따라 여자, 남자로 나누는 것이 타당하지 못하다면 이도 설득력이 약하다. 또한 가을을 낭만의 계절이라고 한다면 봄·여름엔 낭만이 없단 말인가. 서산에 지는 해를 배웅하며 달빛을 마중하는 모든 계절에 낭만과 고독은 존재해왔고, 사람들은 그를 보고 시詩를 짓고 음악을 만든 것이 아닌가.

가을에 대한 가장 보편적인 수식은 바로 '독서의 계절'일 것이다. 청명한 가을하늘 아래에서는 일 년 동안 일군 곡식을 거두기도 좋지만 책읽기에도 좋은 때이다. 그래서 천고마비 계절의 독서는 사람을 살찌운다는 말도 생겨났다. 하지만 올 가을엔 유난히 책이 잘 팔리지 않는다고 한다.

사람들의 관심이 온통 정치에만 쏠려 있기 때문인지 모른다. 바야흐로 정치의 계절이 도래했다. 전 세계적으로도 중요한 국가들의 대선이 맞물리는 묘한 시기이기도 하다. 몇 달 전 프랑스에서는 좌파 정권이 등장했고, 미국은 지금 공화당과 민주당이 각축을 벌이고 있는 가운데 대선을 치르고 있다.

우리나라에서도 세 명의 대통령 후보가 한 치의 양보 없는 호각지세互角之勢를 벌이고 있다. 어쩌다 모임 자리에서 자칫 잘못해 정치 얘기를 꺼냈다간 시비에 휘말리거나 심한 경우 봉변을 당하기도 한다. 평소에는 정치에 관심이 없는 것 같던 사람도 자신이 지지하는 후보에 동의하지 않으면 거침없이 민감한 반응을 보인다. 대선을 앞두고 국민 모두 정치평론가가 되고 대선 후보의 대변인이 되어 있다.

이런 상황이니 누구를 찍어야 할 것인가 더욱 진지하게 고민하지 않을 수 없다. 어떤 사람에게 국정을 맡겨야 할 것인가? 대통령은 어떤 자질을 가지고 있는 사람이어야 하는가?

모름지기 정치란 다수의 사람들의 의견을 듣고 조율하는 것이다. '정치'라는 말이 고대 그리스어의 '폴리스(polis)'라는 말에서 유래했듯이, 대중들의 다양한 의견을 조율하여 훌륭한 어떤 것을 선택하는 것이다.

동양에서 말하는 '정치'는 더 적극적인 통치의 의미를 지닌다. '정政'은 바르지 못한 것을 바르게 잡는다는 의미이며, '치治'는 물이 넘쳐서 피해를 입는 것을 수습하고 물을 잘 다스려 피해를 막는다는 의미가 있다. 잘못된 것을 바르게 잡고, 사람들의 생각을 잘 조율하여 적절한 선택을 내리는 것이 정치이며, 대통령은 그 정점에 서 있는 사람이다.

우리 사회에는 갖은 고생을 하면서도 비참한 삶을 영위하는 다수의 빈곤층과 복지의 사각지대에서 헤매는 노인층, 그리고 일할 능력은 가졌으나 기회를 찾지 못한 청년 실업자들이 넘쳐나고 있다. 최소한 이 나라를 이끌어 갈 대통령이라면, 백성들의 곤궁한 삶을 진정으로 헤아릴 줄 알고 공감할 줄 아는 사람이어야 할 것이다. 백성을 위한 정치라는 지극히 당연한 기본적 명제에는 관심이 없고, 오로지 개혁이니 쇄신이니 하는 구호에만 몰두하고 있다.

깊어가는 가을, 독서의 계절과 함께 정치의 계절도 무르익어 간다. 그러나 '독서의 계절'에 독서하는 사람이 많지 않듯이, '정치의 계절'에 올바른 정치는 없고 지겨운 소음만이 가득하다. 진정으로 국민과 나라를 위한 정책이나 비전의 제시보다는 앞뒤도 맞지 않는 온갖 시비와 다툼만 넘쳐나고 있으니 푸른 가을 하늘이 부끄럽다.

휴일 어느 도서관에서 독서 삼매경에 빠져든 어린 학생들의 모습을 본다. 그들이 읽고 있는 책 속에는 어떤 계절이 오고 있을까.

(2012)

부모님의 사랑

성서에는 우리 인생의 귀감으로 삼아야 할 내용이 수없이 많이 담겨 있지만 부모님의 사랑에 대한 내용이 있음을 기억하는 사람은 드물다.

어느 날 하느님께서 천사 가브리엘을 불러 이렇게 말씀하셨다. "가브리엘아, 온 세상을 다녀보고 이 세상에서 가장 아름다운 것을 찾아 내게로 가져오도록 하여라!" 가브리엘은 세상을 두루 다니면서 이 세상에서 가장 아름다운 것을 찾기 시작했다.

가브리엘이 세상에서 가장 아름답다고 생각한 것은 이슬을 먹고 갓 피어난 예쁜 장미꽃이었다. 가브리엘은 얼른 장미꽃을 꺾어 들고 하나님께로 날아갔다. 그러나 아름답던 장미꽃은 어느새 꽃잎이 마르고 잎사귀가 시들어서 축 늘어진 채 흉한 모습을 하고 있었다. 가브리엘은 장미꽃을 버릴 수밖에 없었다.

가브리엘의 마음을 두 번째로 사로잡은 것은 방끗방끗 웃는 아기의 예쁜 미소였다. 아기의 미소는 너무나 맑고 깨끗하고 아름다워서 모든 사람의 마음을 즐겁게 해주었다. 가브리엘이 아기의 미소를 가지고 하느님께 날아가다가 바라보니 어느새 아름다운 미소는 사라져 버리고 걱정과 근심으로 가득한 어른의 얼굴이 되어 있었다.

실망한 가브리엘의 눈에 정말 놀라운 것이 들어왔다. 그것은 바로 부모님의 사랑이었다. 부모님의 사랑은 눈에 보이지는 않았지만 보석처럼 아름답게 빛나고 있었다. 가브리엘은 부모님의 사랑을 가지고 열심히 하나님께로 날아갔다. 날아가면서 보니 부모님의 사랑은 시간이 지날수록 더욱 더 찬란하게 빛나는 것이었다. 부모님의 사랑을 찾아서 하느님께 가져간 가브리엘은 아주 큰 칭찬을 받았다.

정말 이 세상에서 부모님의 사랑보다 아름답고 고귀한 것이 있을까. 부모님의 주름진 얼굴과 구부러진 허리는 세월의 연륜이면서 보석과도 같이 귀중한 것이다. 어머니, 아버지라는 말만 떠올려도 따뜻한 사랑과 온기가 느껴진다. 그 사랑과 헌신이 있었기 때문에 우리는 지금까지 살아오면서 모든 힘든 일들을 견딜 수 있었다. 부모님은 자식들 때문에 긴 가뭄으로 인하여 농작물이 바짝 말라붙는 아픔을 느끼기도 했을 것이고, 까맣게 탄 숯처럼 새까만 심장이 되기도 했을 것이다.

어머니와 아버지는 자식들을 위해 한순간도 쉴 수가 없었다. 이른 봄이면 진달래를 한 아름 꺾어다 주시고, 여름이면 수박이나 참외를 따 주시고, 가을이면 추수한 한 알의 콩이나 이삭도 알뜰히 챙겨주시고, 하얀 눈이 쌓이는 겨울아침이면 이른 새벽에 말끔히 비질을 해서 우리들의 갈 길을 열어주신 우리 어머니와 아버지.

어버이날, 꽃가게를 지나가면서도 예쁜 꽃을 갖다 드릴 부모님이 안 계신 것이 너무나 안타깝고 가슴이 저려온다. 변변하게 효도할 기회도 갖지 못한 채 저 머나먼 세상 어딘가로 가셨으니 부모님에 대한 그리움은 오늘따라 더욱 깊고 강렬하게 가슴속으로 밀려온다.

누구나 부모가 없으면 자신의 존재도 있을 수 없다. 한평생 자식을 위해 살아오신 어버이를 사랑과 존경으로 섬겨야 함에도 많은 부모님들이 무관심 속에 외롭게 방치되고 있다. 가족을 위해 온갖 고생을 다하셨지만 편안한 노후생활이 아닌 어려운 생활고에 직면해 있는 것이다. 개인적인 차원은 물론이고 사회적 차원에서도 부모님을 위해 안정된 노후생활을 보장해 드려야 한다. 가정 해체와 노령화로 인한 독거노인의 증가는 우리 사회의 슬픈 자화상이다.

언제나 붉은 카네이션과 같이 효심으로 가득한 가정과 사회가 되기를 진심으로 희구한다.

(2012)

총선 이후의 봄

다시 봄이 찾아왔다. 지난겨울의 추위와 어둠을 다 걷어내고 마침내 완연한 봄기운이 산과 들에 자리를 잡았다. 자연의 사계절은 제각각 다른 모습을 하고 우리들에게 다가온다. 여름은 녹음의 강렬함과 요란한 소리를 동반하고, 가을은 익어가는 것들의 완숙함과 추수를 기다리는 너그러운 자세를 보여주며, 겨울은 새로운 시절을 기다리며 잔뜩 움츠린 채 모든 것들이 멈추어버린 듯한 낮은 몸짓을 하고 있다.

봄은 새로이 피어나는 것들의 소리와 움직임과 색깔로 가득하다. 기나긴 잠에서 깬 개구리들이 장난하는 소리, 겨울잠을 깬 짐승들의 기지개, 새로이 터져 나오는 새싹들은 여기저기에서 봉우리를 터뜨리며 푸른 봄의 무대를 장식한다. 봄은 부활과 탄생의 시간이다. 말라죽은 나무 가지에 새싹이 돋고 꽃망울을 터트릴 때, 새들과 나비와 벌들이 햇살과 꽃 속에서 날갯짓을 하기 시작할 때, 우리는 새 생명이 소생하고 부활하는 것을 보게 된다.

소생과 부활의 기회는 자연세계에서는 평등하게 온다. 모든 것이 새롭게 탄생하고 부활할 기회의 평등한 분배야말로 자연의 순환 질서 가운데서 봄이 보여주는 위대한 원리다. 이 평등의 원리는 어둡고 그늘진 곳, 낮고 쓸쓸한 곳에도 차별 없이 적용된다.

그러나 인간의 세계에서 봄은 평등하게 오지 않는다. 소생의 기회는 평등하지 않고 부활의 가능성은 고르지 않다. 그 불평등 때문에 살아나야 할 것들이 살아나지 못하고 부활해야 할 것들이 부활하지 못한다. 그 불평등은 대부분 인간이 제 손으로 만든 인위적 질서다. 그 질서는 인간세계를 한없이 초라하게 한다. 인간세계의 초라한 질서를 자연의 위대한 질서에 조금이라도 더 가깝게 접근시킬 수는 없을까?

지난 2개월여 동안 온 나라를 뒤흔들던 총선이 마침내 끝났다. 진보와 보수를 축으로 형성됐던 이번 총선은 전문가들의 예상과는 달리 새누리당이 원내 과반수의 의석을 차지하며 그 지위를 지켰다. 한편에서는 승자의 환호가 있었고 다른 한편에서는 패배의 눈물이 있었지만, 국민들은 어느 한쪽에도 지나치게 표를 몰아주지는 않았다.

개표가 끝나면 여느 선거 때처럼 승자든 패배든 환희나 비애의 표정과 함께 "국민의 뜻을 받들겠다."든지 "국민의 뜻을 겸허히 수용하겠다."는 수사적 반응을 곁들인다. 선거의 전 과정을 지켜본 국민으로서는 선거 때마다 되풀이되는 통상적 수사보다 19대 국회가 지난 국회보다 얼마나 더 나은 정치를 할 수 있을지에 관심이 쏠릴 수밖에 없다.

　새 국회가 구성되기 전이지만 걱정부터 앞선다. 한미 FTA와 제주해군기지 문제를 비롯한 정치권의 갈등이 증폭되고, 국민들 사이의 분열도 더 격렬해질 것으로 우려된다. 북한의 장거리 로켓 발사 문제로 국내외의 긴장감이 폭발 직전까지 고조되고 있다. 남북 간 군사대치의 첨예화는 물론 주변 강대국들의 온갖 첨단무기 배치로 한반도에는 일촉즉발의 위기감이 조성될 것이 아닌가 하는 걱정이 만만찮다. 서민들의 살림살이는 갈수록 어렵고 일자리는 더욱 구하기 힘들다고 하는데 국민들의 경제는 누가 챙길 것인지 한숨소리가 도처에서 들려온다.

　이런 국민들의 걱정에도 불구하고 우리 정치는 또 다시 오는 12월 대선에만 온통 관심이 쏠려 있다. 도대체 정치가 누구를 위해, 무엇을 위해 있는 것인지 알 수 없는, 목적이 실종된 정치현상이 이 땅을 휩쓸고 있다.

　어쨌든 선거는 끝났다. 설령 기대에 어긋나는 후보가 당선됐다고 해서 실망할 필요는 없다. 이제부터 새로운 시작을 한다는 각오로 국민의 부름을 받은 국회의원들은 교만하지 말고 초심대로 국민을 위해 봉사해야 할 것이다. 지난 갈등과 앙금을 다 털어내고 서로 화합해서 새로운 국가와 사회를 탄생시키고 부활시키기 위해 다함께 노력해야 한다.

　소생과 부활의 봄을 가져다주는 자연의 위대한 원리처럼, 정치가 해야 할 일은 사회의 낮고 그늘진 곳과 빼앗기고 궁핍한 국민에게 골고루 따뜻한 햇빛을 비추는 것이다. 정치가 이러한 역할을 제대로 할 때 우리 사회는 봄날 같은 사회가 될 수 있다.

(2012)

아듀! 2013년

다시 아쉬움 속에 한 해를 보낸다. 무성하던 가을 숲에는 어느새 앙상한 나뭇가지 위로 찬바람소리만 지나간다. 숲 속의 식물과 짐승들도 겨울을 나기 위해 우수에 잠긴 듯하다. 자연의 섭리가 어김없이 만들어 내는 겨울 풍경이다.

창밖을 내다보면 연말의 분위기가 완연하다. 구세군 자선냄비의 소리 속에서는 우리 이웃들의 노곤한 삶의 모습이 담겨있다. 하루하루의 삶이 힘든 서민들, 미래에 대한 희망을 잃어버린 사회적 노약자들은 이 겨울이 더욱 고달프다.

이제 이 해가 지나가면 우리는 지나친 이기심과 독선의 마음을 벗어버리고 세상을 향해 열린 마음으로 이웃의 고통과 슬픔을 함께 했으면 좋겠다. 행복은 결코 자기에게만 갇혀 사는 사람들에게 주어지지 않는다. 어려움에 처한 이웃들과 사랑을 함께 나누는 사람에게 진정한 행복이 주어질 것이다.

얼마 전 연극으로 공연되어 많은 사람들의 관심을 끌었던 〈레미제라블〉이 우리들에게 던져준 감동은 사랑과 화해가 법이나 권력보다도 더 크게 인간을 변화시킬 수 있다는 데 있었다. 사회적 고통과 갈등에 부딪힐 때마다 사람들은 쉽게 그 대상을 비난하면서 처벌하는 것을 능사로 삼는다. 그러나 장발장을 변화시킨 것은 그에게 용서와 자비를 베푼 미리엘 주교의 따뜻한 사랑이었지 자베르가 행한 바와 같은 감시와 처벌은 아니었다. 엄동설한에 얼어붙은 우리네 마음을 녹여줄 수 있는 힘은 따뜻한 자비와 사랑에서 나오는 것이다.

박근혜정부가 희망차게 출발했지만 나라 안팎으로 여전히 말도 많고 탈도 많았던 한 해였다. 생각해 보면, 우리 정치·경제·사회 어디를 둘러봐도 속 시원한 구석은 하나도 없다. 국회는 한 치의 양보도 없이 여전히 정쟁과 아집과 독선으로 가득차서 국민들의 아프고 힘든 삶을 보살피겠다는 마음은 안중에도 없다. 대한민국이라는 거대한 배가 순조로이 순항하기 위해 갈등과 반목은 이제 걷어내야 한다. 특히 보수와 진보로 갈려진 우리 사회의 이념적 틈을 메우는 것은 무엇보다 시급한 과제로 보인다.

부디 새봄이 오면 훈훈한 온기를 느낄 수 있는 봄의 정치, 희망의 정치를 소망한다. 정치 본연의 임무는 힘든 국민들의 고통과 슬픔을 보듬어 주는 일이다. 정치인들은 이 일에 몸을 바치라고 국민에게 선택받은 존재이다. 정쟁으로 얼룩진 국회, 이념 갈등으로 대치된 정국, 타협보다는 극한 대립으로 치닫는 정치를 결코 국민들은 원하지 않는다. 국민들을 불안에 떨게 하고 민생을 포용하지 않는 정치에 국민들은 염증을 느낀다. 새해에는 봄이 오기를 애타게 기다리는 민초들에게 정치인들이 희망의 불씨를 지펴 줘야 할 것이다.

김정은 3대 세습 체제는 한반도를 또다시 불확실성의 먹구름 속으로 몰아넣고 있다. 또한 주변의 여러 국가들은 자신들의 영토 확장을 위해 연일 목소리를 높이고 있으니 정신을 바짝 차리지 않으면 한반도는 언제 격랑에 휩쓸려 떠내려갈지 모르는 위기를 맞고 있다.

우리는 위기가 닥칠 때마다 시련과 좌절을 극복하여 새로운 신화를 만들어 내고 빛나는 성취의 역사를 이룩해 왔다. 이제 우리는 세대·지역·계층 간의 갈등과 양극화를 극복할 대통합에 진력해야 하고, 국민들의 마음속에 희망의 불씨를 되살려내야 한다.

어느 시인의 말대로 흔들리지 않고 피는 꽃이 어디 있으랴. 올 한 해의 어렵고 힘든 일들은 밝은 미래를 열어가는 데 소중한 초석이 될 수 있다. 이제 고통스러운 기억은 모두 뒤로 하고 희망의 새로운 시대를 맞이하자.

(2013)

관광, 경제논리로 풀어야

올레 열풍이 전국을 휩쓸고 있어 지난주에 동참해 보았다. 굽이굽이 올레길 경관이 얼마나 멋스럽던지 경탄이 절로 나왔으나 올레꾼들의 행태에 눈살이 찌푸려졌다. 열여섯 코스 중 딱 한군데 다녀온 것만으로 너무 섣부르다 할지 모르겠다.

사람들 배낭에서는 온갖 먹을거리들이 쏟아져 나왔고 쓰레기도 아무 데나 버리는 이들이 많았다. 가만히 올레 주변을 살펴보니 차마 눈 뜨고 못 볼 것들이 한두 가지가 아니다. 쓰레기뿐만이 아니라 길섶 돌담 너머엔 귤나무가 빈 가지만 남아 있거나 심지어 마구 꺾여 있기까지 했다.

관광객 600만 명이 눈앞이라며 요란스럽지만 그게 다 무슨 소용인가. 숫자만 번지르르하게 늘어놓을 게 아니란 생각이 든다. 제주 땅을 밟는 사람이 많아질수록 제주환경이 빠르게 황폐화해 간다면 그냥 간과할 수 없는 일이다.

서명숙 씨가 올레 코스를 열어놓았다. 어느 누구도 생각지 못했던 참신하고 기발한 아이디어다. 올레라는 관광 명품이 등장하면서 사람들을 엄청 끌어들이고 있다.

우리는 이제 '올레 관광'의 기치 아래 몰려드는 사람들을 며칠동안 느긋이 머물게 하면서 돈을 쓰고 가게 할 궁리를 해야 한다. 행복한 마음으로 돈을 기꺼이 쓰게 할 소프트웨어의 개발이 절실해졌다.

생각해 보라, 우리는 마냥 퍼주고 있잖은가. 한라산이나 오름, 올레를 그냥 걷게 하고 있을 뿐인데 그게 어째서 퍼주는 거냐고 할지 모르겠다. 하지만 이대로 가다가는 10년 이내에 온 섬이 생채기 투성이가 되어 회생 불능의 지경이 되지 않으리라는 보장은 없다.

지금 관광객의 머릿수만 세고 있을 때가 아니다. 제주 마니아의 상당수가 아침에 왔다가 그날 중으로 돌아간다고 한다. 오름이나 올레 코스 몇 군데, 혹은 한라산 등반을 마치고서는 돈 몇 푼 안 쓰고 저녁 배나 밤 비행기로 훌쩍 떠나버리는 것이다.

나 몰라라 먼 산이나 보고 있을 것인가. 어쨌든지 지역경제를 살려야 한다. 경제가 살아나려면 어쩔 수 없이 개발이란 말이 튀어나오고 자연훼손 문제도 거론되기 마련인데 어떡하면 좋은가. 문제는, 보존과 개발이라는 양자의 균형을 어떻게 조화롭게 하느냐 하는 데 있다.

자연을 다치지 않게 하면서 부가가치도 높일 수 있는 묘안을 찾아야 한다. 미래를 내다보는 혜안이 필요한 시점이다. 눈을 세계로 돌려 변화와 흐름을 탐색한다면 분명 좋은 해법이 나올 법하다.

그 일을 누가 할 것이며, 과연 제주를 누가 세계적인 관광지로 재탄생시킬 것인가. 도민들과 진정 제주에 뜻이 있는 투자가들이 의기투합하면 충분히 해낼 수 있으리라 본다. 해외여행을 많이 한 사람들의 말을 빌리면 자연환경에 있어서는 하와이나 발리, 푸켓도 제주에 견줄 바가 아니라고 한다. 제주처럼 산과 바다, 오름과 올레 같은 천연의 다양한 풍광을 한눈에 대할 수 있는 곳은 없다는 얘기다. 천혜의 자연환경은 제주가 단연 으뜸이란다. 그런데도 왜 그쪽은 경쟁력 있는 관광지이고, 제주는 스쳐지나가는 곳이어야 하는가.

우리도 경제논리에 따라 남는 장사를 해야 한다. 관광도 수익이 따라야지 지역경제를 외면한 관광은 빈껍데기에 불과하다. 관광산업도 어차피 지역 간의 경쟁이다. 이러한 논리에서 밀리지 않으려면 부가가치를 창출해야만 한다.

결국, 사람을 끌어들일 실효성 있는 유인책을 내놓는 일이 급선무다. 세계적인 자연환경을 갖고 있으니 이젠 창의적인 즐길거리를 만들어 국내외 관광객들이 돈을 많이 쓸 수 있는 탄력적인 유인책이 필요하다. 관광객들도 즐겁고, 우리도 행복할 수 있는 윈윈전략을 구사하자는 것이다. 그렇지 않다면 설혹 1000만 명이 찾아온다 한들 무슨 소용인가.

올레 주위에서 쓰레기를 줍던 한 아저씨의 푸념이 아직도 생생하다. "쓰레기만 남기고 가는 올레꾼들이 뭐가 좋다고 이 야단법석인지…. 남 좋은 일은 다 하면서 그 뒤치다꺼리나 하는 우린 대체 뭐야."

(2009)

제주여인 김만덕

비바람이 몰아치던 지난 2월 말, KBS의 드라마〈거상 김만덕 제작발표회〉가 제주에서 열려 참석한 적이 있다. 발표회장에 모여든 많은 사람들은 유명한 배우들을 직접 대할 수 있다는 생각에 한껏 들떠 있었다. 하지만 일기불순으로 예정시간이 지나도록 출연자들이 모습을 보이지 않자 사람들은 지루한 표정을 보이기 시작했다.

그즈음, 극중에서 '할매'의 역할을 하게 될 고두심 씨가 환하게 웃는 얼굴로 우리들에게 다가왔다. "어떵덜 살아졈수가?" 브라운관을 통해 보던 모습보다 훨씬 젊고 우아하다. '김만덕 나눔쌀 만섬 쌓기 조직위원장'으로 전국적인 행사를 옹골차게 벌였던 그가 또박또박 말했다. "내 고향 제주 선조의 행적을 재연한다는 점에서 의미가 각별하고, 남에게 기대지 않는 제주여인의 정신이 자랑스럽다. 나눔의 삶을 살았던 그분 덕으로 나도 이 자리에 서게 되어 뿌듯하다."

　김만덕의 삶과 정신이 다각도로 재조명되고 있다. 이명박 대통령도 지난해 광복절 경축사에서 "200년 전 온갖 역경을 뚫고 제주 최고의 부자가 되었던 만덕 할머니는 전 재산을 내놓아 수만 명의 목숨을 구했다."면서 '노블레스 오블리주'를 몸소 실천한 본보기로 높이 평가한 바 있다.

　드라마 〈거상 김만덕〉은 제주여인의 과거와 현재의 모습을 동시에 생각해 볼 수 있는 기회를 제공하고 있다. 오랜 세월 동안 '제주여인' 하면 먼저 연상되는 것은 바닷가에서 일하는 '해녀'들이나 등에 커다란 '물허벅'을 진 모습이었다. 이 척박한 땅에 생명을 불어넣으며 커다란 젖줄을 만들어 놓은 것은 바로 여인들의 힘이었다. 제주여인들은 집안일에서부터 밭일과 바다 일에 이르기까지 온갖 궂은일을 도맡아 했다. 제주여인들은 태어나면서부터 '노동의 멍에'를 짊어졌다고 해도 과언이 아니다. 오죽했으면 제주속담에까지 "여자로 나느니 쉐로 나는 게 낫다."란 말이 나왔겠는가.

　그러나 암흑이 빛과 희망을 키운다고 했던가. 제주여인들은 이러한 절망과 한을 안으로 삭이면서 더욱더 강인해져 갔다. 일제강점기 때 해녀들의 항일투쟁이 보여주었듯이, 제주여인들은 역사의 고비마다 나라와 공동체를 위해서 주저 없이 자신을 내던지는 강인한 여성으로 거듭났던 것이다.

　제주의 거상이자 의녀義女로까지 추앙받는 김만덕과 같은 여인이 그 옛날 정조 시대에 엄청난 일을 해낸 것도 결코 우연이 아니다. 만덕은 가난한 집에서 태어나 열두 살에 부모를 여의고 한때 기녀의 삶을 살았다. 그 후 그는 객주의 행수로, 또 거상으로 막대한 부를 이루었다.

그는 흉년으로 기근에 시달리는 서민들을 살리고자 평생 모은 재산을 기꺼이 구휼미로 쾌척하여 백성들의 목숨을 건져냈다. 그야말로 나눔과 베풂의 삶을 실천했던 인물이다. 자신의 전 재산을 내어 이웃에게 베푸는 그 사랑의 마음은 얼마나 소중하고 아름다운 것인가. 김만덕의 삶은 여러 가지 의미에서 우리에게 감동을 주기에 충분하다.

그는 당대의 봉건사회에서는 상상할 수 없을 정도로 자신에게 씌워진 여러 한계를 거침없이 헤쳐 나갔다. 기녀출신이라는 신분의 한계와 제주 사람이라는 지역적 굴레를 뛰어넘어 역동적인 여인의 삶을 살았다. 그리하여 마침내 중앙무대로까지 진출해 나갔으며, 해상유통업이라는 대외교역을 펼쳐나가 거상이 될 수 있었다. 김만덕의 삶은 시련과 고단함으로 가득 차 있었지만 언제나 불굴의 용기로 이를 극복했다. 그는 순간의 꽃으로 피어났다 지기 보다는 온갖 고난을 이겨내어 오늘날까지 역사 속에 큰 이름을 남기게 되었다.

김만덕의 삶은, 기업의 사회적 책임이라는 본연의 의무를 망각한 채 어떻게든 돈만 벌어 나만 잘살면 된다는 우리 사회에 팽배한

천민자본주의를 되돌아보게 한다. 또한 그의 삶은 우리 사회의 모든 분야에서 제주 여성, 더 나아가 한국 여성들의 역할과 위치를 새롭게 생각해 보아야 한다고 가르친다. 제주에 유배됐던 추사 김정희는 김만덕의 이야기를 전해 듣고 감동하여 '은광연세恩光衍世' 즉 '은혜의 빛이 온 세상에 번진다.'는 뜻의 글을 남긴 것으로 전해진다. 사회지도층의 책임의식과 양성평등, 진취적인 여성상의 대명사로 제주여인 김만덕의 생애는 시대를 뛰어넘는 귀중한 사표로 깊이 간직되어야 할 것이다.

(2010)

힘찬 날갯짓으로

 뜨끈한 방바닥에 등을 지져가며 책을 읽는 것처럼 신명나는 일은 없다. 이번 방학에도 며칠간은 방에 콕 박혀 독서의 즐거움을 실컷 맛보고 싶었지만 자식들의 성화에 겨워 베이징을 다녀왔다. 새로운 세계를 보고 싶어 하는 그 애들의 욕구를 막무가내로 거절할 수 없었고, 나도 불현듯 어디론가 떠나고 싶었다.
 모처럼의 기회라 휴대전화를 두고 갔더니 얼마나 홀가분하던지. 덕분에 내가 그동안 얼마나 족쇄에 묶여 살아왔는지 실감하게 되었다. 게다가 가족만의 여행이라 걸음걸음이 여유롭다. 중국 땅을 밟다 보니 어느새 한국의 '빨리빨리'에서 중국의 '만만디'로 생각이 바뀌었는지 심신이 이완되어 편안하다.
 이런 느긋함이 짝퉁시장을 나서는 일, 그 자체만 봐도 알 수 있다. 여느 때 같았으면 짝퉁을 고집하는 아들에게 역정을 냈을 법도

한데 되레 내가 더 구경거리라도 만나는 양 적극 나섰던 것이다.

언제부터 우리나라 사람들이 명품에 현혹되기 시작했을까. 아마도 장사꾼들이 예술 혼 운운하며 명품이라는 허울을 씌우기 시작하면서 아닐까. 사람들을 명품이 곧 자신의 신분이라도 되는 양 현혹되기 일쑤였고 아들도 예외는 아니다. 하기야 명품에서 가치를 찾으려는 아들의 문화적 수용욕구도 이해가 간다.

아들은 시장에서 부드럽고 고운 제품에만 손이 간다. 은근히 이 녀석의 여성적인 취향에 신경이 쓰인다. 엊그제 대형무대에 화려하게 펼쳐졌던 전통중국무술 경극에는 별 감흥을 보이지 않아 의아했는데 그토록 사내답던 녀석이 이게 웬일일까.

하기야 부드럽고 예쁜 남자가 일등 신랑감이고, 요리 잘하고 배려하는 남편이 이상형이라는 세상이다. 그러니 애타지 말고 이제부터라도 굳어진 내 사고의 틀부터 깨는 시도를 해야 할 것 같다.

아들은 여성의류 코너에서 오래 머물더니 중국 전통의상 한 벌을 나에게 권한다. 그래야 중국 소매치기에게 날치기 당하지 않는다는 것이다.

며칠 전에 간담이 서늘한 일이 있었다. 북한 식당에서 나오는데 대여섯 살쯤 돼보이는 어린애가 장갑을 사달라며 치맛자락을 잡아당기는 게 아닌가. 내가 정신을 잠깐 판 사이에 내 배낭은 감쪽같이 찢겨져 있었다. 다행히 뒤에 오던 아들녀석이 소리를 질렀기에 망정이지 하마터번 몽땅 털릴 뻔했다.

그날 저녁은 북한에서 운영하는 '평양 해당화'라는 음식점에 갔다. 무대에는 참으로 아리따운 아가씨 예닐곱이 장구를 치며 〈반갑습니다〉와 〈휘파람〉을 부르고 있었고, 이어서 〈어부의 노래〉와 〈달 타령〉을 아주 구성지게 불러 박수를 받았다. 그들의 표정에서는 경직된 북한 사회의 어두운 표정이라곤 찾아볼 수가 없다. 오히려 자본주의에 물든 호사스러운 분위기가 그대로 몸에 배어있는 듯했다.

노래가 끝나자 식탁을 돈다. 우리 식탁에 왔을 때 딸애가 물었다. "여기가 좋아요?" "아닙네다, 평양이 얼마나 살기 좋은지 모릅네다."

딸애는 내 귀에다 대고 흥분해서 말했다. "엄마, 정 떨어지지 않아요? 이건 뭐야, 자기네 경제에 대한 자격지심? 아니면 감시 받느라 입조심?" 갑자기 서글퍼지면서 마음이 갑갑해져왔다.

지금 세계는 경제전쟁의 회오리 속에 있다. 그러나 경제난에 허덕이는 북한과 경제력이 요동치는 두바이는 대조적이다. 사막의 한 토후국이 강력한 동력엔진 세이크 모하메드에 의해 세계적 허브로 급부상하고 있다. 국민의 창조적 호응도 한몫을 했을 것은 불문가지의 일이다.

베이징도 여기저기서 경제적 문화적으로 비상하고 있음을 느낄 수 있었다. 중국은 출중한 두뇌들이 국부를 키운다는 신념에서 해마다 인재 수천 명을 외국에 보내 인적자원 양성에도 힘쓰고 있다고 한다.

세계를 뒤흔드는 것은 힘과 경제 논리다. 도처에서 비상하는 날갯짓들이 심상찮다. '사슴은 사자보다 더 빨라야 잡아먹히지 않고, 사자는 사슴보다 더 빨라야 굶어죽지 않는다.'는 아프리카 격언이 있다. 인재는 막강한 힘의 원천이다. 인재양성이야말로 생존을 위한 필요조건이 아닐 수 없다.

　돌아오는 기내에서 동북아의 허브를 꿈꾸는 우리나라와 특별자치도로 재탄생한 제주의 좌표를 머리에 그려본다. 우리는 지금 어디쯤 와 있는가.

　학교로 돌아와 애국훈화를 하면서 느닷없이 목소리가 높아진다. "너희는 대한민국의 인재들이다. 내일을 향해 힘찬 날갯짓으로 비상하고 또 비상하라."

(2007)

사랑의 징검다리

한여름 장마철이라 후텁지근하지만 소낙비라도 한바탕 퍼부을 땐 삽상해서 좋다. 창틀 따라 흘러내리는 빗물이 스며드는 것을 바라보고 있으니 마음마저 서늘해 온다.

창문 가까이 있던 책을 몇 권 나르던 중에 책갈피에서 사진 한 장이 툭 떨어진다. 중학생 시절에 용연다리에서 소꿉친구와 찍은 추억이다. 그러고 보니 오늘이 칠월칠석, 일 년의 오랜 기다림 끝에 견우와 직녀가 미리내 오작교에서 만나는 날이다. 애틋한 만남을 위하여 머리를 맞대 다리가 돼주는 까막까치들의 희생에 가슴이 찡해온다.

세상에는 사람 사이를 넘나드는 다리가 많이 있다. 자식에게 버팀목이 되려 몸을 던지는 어버이, 제자를 온전하게 키우려 애쓰는 스승, 헬렌켈러의 스승 설리번, 평생을 병들어 찌든 이웃들과 함께

한 테레사 수녀, 모두 훌륭한 사랑의 징검다리들이다.

작년 이맘때, 서울 사는 옛 사진 속의 그 소꿉친구가 집으로 찾아왔다. 우린 다른 일 다 접고 옛날로 돌아갔다. 쌓이고 쌓인 추억거리가 어찌나 그리 많은지 시간 가는 줄 모르고 풀어놓던 중, 친구가 느닷없이 일어나더니 의자에 올라가 멎었던 괘종시계의 추를 좌우로 흔들어 놓는다. 죽은 듯 바늘만 느릿하게 옴짝거리는 것보다 이게 살아있음 아니겠냐며 좋아한다. 뜻밖에도 그는 삶의 활기에 목말라 있었다.

점심을 집밥으로 먹으려고 청둥호박을 썰어 갈치국을 끓이랴, 압력솥에 밥을 안치랴 부산을 떨었다. 잠시 뒤, 압력솥에서 치직치직 소리가 나자, 이게 바로 사람 사는 집이라며 얼굴이 환해진다. "난 그동안 허상만 좇으며 산 것 같아."

잘나가는 남편과 살며 소외된 이들을 보살피느라 시간이 모자라다며 즐거운 비명을 지르곤 했는데 의외다.

넋두리가 이어진다. 시댁 일에는 만사 젖혀놓고 나섰는데도 우리 아들 대를 끊었다며 원수 보듯 대하니 살맛이 안 난다고 한다. 지금껏 홀로 사는 노인들을 돌보면서 보람도 느꼈는데, 자식이 뭔지 애물단지 하나라도 있으면 원이 없겠다는 것이다. 예전의 발랄함이 걷힌 그의 얼굴이 몹시 푸석하고 초췌하다.

그는 언제나 순응하는 삶을 사노라 했지만, 정작 자식을 갖지 않아 순리를 거스른 업보로 고통을 감내하고 있는 건 아닌지 모른다. 요즘 젊은이들이 독신주의에 빠지거나 애를 갖지 않겠다는 건 순리에 역행하는 단선적이고 편협한 사고가 아닐 수 없다.

그날, 우린 눈시울을 붉히며 저간의 뒤안을 수없이 넘나들었다. 우리들 마음이 한결 훈훈해지고 카타르시스도 되었다.

우리 주위에는 봉사하는 이들이 적지 않다. 그럼에도 그런 봉사를 대수롭잖게 여기는 주변의 눈초리가 사람들에게 큰 상처를 주게 된다. 너희는 돈이며 시간이 남아도니 한가롭게 허울 좋은 봉사활동을 하는 게 아니냐는 곱지 않은 시선들을 보낸다. 하지만 발품을 팔며 사랑의 징검다리로 스무 해 넘도록 살아온 친구가 존경스럽다.

테레사 수녀처럼 가난한 이들과 고통을 나누려 뛰어다닌 그의 삶은 얼마나 감동적이었나. 헬렌켈러의 스승 설리번이 "그 뭣보다 가공할 적은 불우함이 아니라 잠재돼 있는 체념"이라고 했듯이 시종 제자들을 위해 뛰어다니는 사랑의 징검다리는 얼마나 아름다운가.

내 친구는 타고난 선생이기도 했다. 자분자분 학생들에게 던지는 말 한마디에 모두가 넋을 잃고, 좌절의 늪에 빠진 아이들의 꽁꽁 언 마음도 눈 녹듯 사라지게 했던 그다. 그런데도 소외된 사람들을 위해 살겠다며 교직에 사표를 내고 이타적 삶을 위한 발품을 팔았다.

친구는 새삼 나를 돌아보게 한다. 그 사이 나는 어떤 징검다리라도 되어본 적이 있었던가. 아이들 키우랴 자식 노릇하랴 평범한 삶에 그냥 떼밀려 왔지 않은가. 이제부터라도 그녀의 가슴에 작은 기쁨 한 조각 건넬 수 있는 징검다리가 되고 싶다.

마더 테레사의 말을 되새겨 본다. "기쁨은 번지기 마련입니다. 그대가 가는 곳마다 항상 기쁨이 넘치도록 애쓰십시오."

(2006)

안경 너머로 보는 세상

엄청나게 뚱뚱했던 친구 딸이 불과 몇 년 새 날씬한 몸매로 거듭나 있다. 174cm 55kg의 환상적이라 할 S라인의 아가씨로 변모해 있었다. 하지만 내 눈엔 비쩍 마른 모습이 암만 봐도 안쓰럽기 짝이 없다. 그런데도 식탁 앞에서 음식을 가리면서 살을 더 빼야겠단다. 시골 앞마당의 빨랫줄 바지랑대 모양으로 깡말랐으면서 풀잎만 골라먹는 품이 적잖이 볼썽사납다.

대학에서 의상학을 전공하는 3학년생이라 몸매에 더욱 민감하리라. 신세대들은 고정관념과 편향적 시각으로 줄 서는 듯하다. 자신을 모델화하는 사람에게 날씬한 체형은 그것이 곧 언어이며 신앙이다. 아무리 다른 능력이 빼어나도 몸매가 받쳐주지 않으면 외면당하는 게 패션계 쪽의 냉엄한 현실인 모양이다. 친구 딸은 모델이 아닌 디자이너 지망생일 뿐인데도 그렇다.

얼마 전, 외국의 한 모델이 살을 빼다 영양실조로 사망한 사건은 충격적이었다. 무리한 체형 관리가 부른 비극이었다. 그 일이 있고서 잠시 주춤하더니 국내에서도 이와 유사한 사건이 생겼다. 이런 사건이 되풀이되면서 패션계에서 깡마른 모델 퇴출 운운하는 것은 도로아미타불이다. 마른 체형의 암묵적 요구 앞에 치열했던 한 모델의 죽음은 시간이 지나면 사람들에게서 또 다시 잊히고 말 것이다.

왜 다이어트를 하느냐고 물어봤다. "체중을 줄이면 날씬해지거든요." 하기야 무지개를 좇으며 눈을 반짝이는 애를 앞에 놓고 뭐라 타박을 할 것인가. 어느 영화에서는 무려 47kg을 뺀 극중 여주인공의 완전히 반전했다고 하니 목숨 걸고 살을 뺀다고 비난할 수만도 없잖은가.

서울 사는 교장연수 동기한테서 전화가 왔다. 인사는 건성이고 느닷없이 부富를 과시하기 시작이다. 경기도에 땅을 샀더니 졸지에 몇 배가 불었고, 그 차익으로 주상복합을 계약했는데 또 천정부지로 뛰었다는 자랑이다. 요컨대 인생에서는 '줄이기와 불리기'를 잘해야 하는데, 땅 한 평 사놓지 못했으면서도 태평인 사람은 너밖에 없을 거라며 슬슬 자극을 한다.

나라가 온통 줄이기와 불리기 천지가 돼 있다. 다이어트로 체중 줄이고 투기로 재산 불리는 게 우리 사회의 한 전형적 모습이라고 인식한다면 그야말로 본말전도다. 분수에 맞게 줄이고 불리는 걸 누가 뭐라 하겠는가. 비정상 체중인 사람들과 땅 투기로 졸부 된

자들이 각광 받고 있는 사회가 문제다.

그뿐인가 말이 춤을 추는 세상이다. 말을 함부로 해서 남에게 상처를 주고 아픔을 준다. '말이 씨가 되고 입이 담이 된다.'는 속담이 있다. 자칫 화근이 될 수 있으니 말을 줄이라는 교훈적 함의로 읽힌다. "말로써 말 많으니 말 말을까 하노라"는 옛시조가 무색할 만큼 너나없이 말을 자기현시의 도구인 사용한다. 남의 말은 무시하면서 제 말만 옳다는 아집과 독선에 사로잡혀 있는 사람들. 생각이야 언제든 바꿀 수 있지만 함부로 내뱉었다 부메랑으로 돌아오는 말의 반란과 말의 배반은 무섭다.

정도正道를 걷는 사람의 모습은 언제 봐도 아름답고 당당하다. 정도란 인생을 성실하게 영위하는 올곧은 길이고 보편적 가치이기 때문이다. 오로지 S라인의 화려한 외출을 위해 제 몸을 학대하는 것은 죽음에 이르는 병과 같다. 재물도 뜬구름 같아 헛된 것이요, 허접스레 많은 말을 입에 올리는 것 또한 부질없는 짓이다.

말은 사람을 흥하게도 하고 망하게도 한다. 하지만 말을 절제한다는 것이 어디 쉬운 일인가. 지금, 나 또한 말을 삼가지 못하고 있는 것은 아닌지 염려스럽지만 용서하시라. 지금 나는 안경 너머로 세상을 바라보고 있다.

(2007)

사람 냄새

　오월의 하늘이 싱그럽다. 출근길, 동네 어귀 올레를 돌아가면 등 굣길 아이들이 손을 흔들거나 배꼽인사로 나를 반긴다. 게다가 마을 어른들의 웃음 띤 목례엔 절로 고개가 수그러들 수밖에 없다. 정겹고 아름다운 풍경이다. 숲으로 무성한 곶자왈 금산공원이 성큼 다가서고 어느새 동화나라 같은 학교에 발을 들여놓고 있다.
　교감선생님 옷이 예쁘다면서 내 뒤를 졸졸 따라오는 아이, 생일날 선물 받은 물건을 늘어놓는 아이, 친구를 야단쳐달라며 쪼르르 달려오는 아이…. 통통 튀는 아이들에 에워싸여 하루가 열린다.
　이 반짝이는 아이들의 어느 부분을 자극하면 더 흥미롭게 달려들까. 아이들의 성장에는 변화의 기쁨만 있는 게 아니라 고통과 실패의 위험도 도사리고 있기에 선생은 늘 신경을 곤두세우고 있어야 한다. 관심과 애정이 부족하면 언제 어떻게든 빗나갈 수 있는 그들이기 때문에, 밥이 신체를 키우듯 우리는 관심으로 그들의 정신을 바르게 키워줘야 하는 것이다.

얼마 전, 납읍리 부녀회가 주관하는 어버이날 행사장에 교장선생님과 함께 갔다. 한복을 곱게 차려입은 어르신들이 마을회관을 꽉 채운 자리에서 K 노인대학장이 어느 집 며느리 얘기를 꺼냈다. 매일같이 남의 집 품팔이를 하면서도 뇌졸중으로 쓰러진 시아버지 병수발을 밤 새다시피 한다는 것이다. 더군다나 남편은 딴살림을 차려 나간 지 몇 년이나 됐고 시집 형제들도 누구 하나 내다보지 않는 상태였다.

이야기는 다시 이어진다. 예전의 고부상이 '못된 시어머니와 당하는 며느리'였다면 현대판은 '외면하는 며느리에 속 타는 시어머니'란다. 그러니 아들이 결혼하면 며느리에게 전부 일임하여 손을 떼야지, 지나친 애정공세는 펴지 말 것을 당부한다. 이 지역민들은 성정이 올곧고 넉넉한 분들이다.

행사가 끝나고 빠져나오는 우리에게 고맙다는 인사를 연신 하신다. 그러고 보면 우리 학교 아이들 심성이 곧고 착한 게 어르신들의 이런 마음가짐이 원천이 되었음을 알 듯하다. 집집마다 가족애가 유별나고 인심 또한 유여하고 절제된 삶을 사는 것도 그렇다.

한 할아버지의 말씀도 절절한 육성으로 와 닿는다. 선생님들께서 우리 손자들을 많이 사랑해주시되, 학용품을 너무 넘치게 주지는 말라고 하신다. 어릴 때 절제하는 버릇을 길러주고 물질적으로 다소 어렵게 커야 독립심이 강해 큰 그릇이 된다는 것이다. 하긴 아이들이 원하는 걸 다 주는 선생님이 좋은 선생님은 아니다.

　부모도 매한가지다. 모자람을 스스로의 노력으로 채우도록 도와주는 게 절도다. 다 그런 건 아니지만 경제적으로 부유하고 헤픈 가정의 자식이 땀의 고귀한 가치를 모르고 허우적거리는 경우는 허다하다. 진정한 자식사랑은 돈으로 하는 게 아니다. 우리가 물려줘야 할 것은 억만금의 재산이 아니라 미래를 스스로 감당할 자립심이다. 어려움을 꿋꿋이 이겨내며 자란 아이가 큰일도 한다. 넘치는 돈은 정신을 흐리고 멍들게 해 아이를 망쳐놓기 십상이다. 어릴 때부터 일찌감치 자신의 생을 주체적으로 이끌도록 놓아주는 용기가 필요하다.

　오늘도 유원지에서는 놀러 나온 아이들과 젊은 사람들로 북적대고 있다. 노인들은 거의 눈에 잘 띄지 않는다. 노부모를 모시고 다니는 경우는 점점 보기 힘들어지고 있다. 자기 자식한텐 무조건적으로 베풀면서도 노부모에겐 지나치게 인색한 요즘의 세태가 안타깝고 씁쓸하다.

　이웃과의 관계에서도 이익만을 앞세워 목소리를 높이기 때문에 인간관계가 너무 삭막하고 메마르다. 너와 나 사이에 샘솟던 인정은 어디로 갔단 말인가.

　'가장 아픈 상처도 사람이 남기며, 가장 큰 기쁨도 사람으로부터 온다.'고 했다. 사람과의 관계처럼 중요한 게 어디 있으랴. 이 마을은 사람들 사이의 관계가 강물처럼 깊고 길다. 그들에게서는 사람 냄새가 난다.

(2007)

앉은 자리가 꽃자리

 텔레비전에서 한 여자 리포터가 사뭇 상기된 목소리로 방송을 한다. 요즘 시중에서 어떤 음료가 불티나게 팔리고 있는데, 그 이유는 음료 자판기 속에 늘씬한 서양 미녀를 등장시킨 광고 전략이 맞아떨어졌기 때문이라는 것이다. 카메라는 투명 유리 속의 활짝 웃는 미녀와 그녀가 건네주는 음료를 손에 넣으려는 뭇 남성들의 아우성을 담고 있다.

 인간은 저마다 생김새도 다르지만 그에 어울리는 행색도 다 다르다. 서양인에게는 서양인에 어울리는 모습과 복장이 있고, 동양인에게는 동양인에 어울리는 모습과 복장이 있다. 어쩌면 조물주가 한국인과 같은 모습을 창조했기 때문에 그에게는 한복이 잘 어울리지 않는가 싶다. 한복 매무새에 미소를 살짝 머금은 단아한 한국여인네와, 수영복 바람에 이빨 뿌리까지 다 드러내며 웃는 서양여인들의 모습은 극명하게 대비된다. 모든 것은 궁합이 잘 맞아야 이치도 통하게 되나 보다.

우리 주위에는 제 책무를 소중히 맡으며 많은 사람을 행복하게 해주는 고마운 이들이 의외로 많다. 우리 학교에는 부지런한 급식 도우미가 있다. 그들에게선 언제나 훈훈한 향기와 근면함이 배어난다. 행여 음식이 식을세라 분주하게 움직이며 다시 끓이는 수고로움을 마다 않는 그 부지런함과 학생들의 배식판에 한 주걱 두 주걱 정성스럽게 퍼 담는 그들의 자상한 손놀림도 놀랍다.

한 부모 가정이 많아지는 요즘에 이처럼 아줌마 특유의 헌신적인 손길은 많은 아이들을 포근하게 감싸 안아주고 있다. 그들의 손길에서는 아이들을 위한 사랑과 모성애가 묻어난다. 세상에서 가장 아름다운 단어가 '어머니'라 하지 않는가.

모든 자리마다에는 그에 어울리는 사람과 모습이 있다. 가령 우리 학교 급식실에 몸을 사리지 않는 아줌마들 대신 예쁘게 화장을 하고 멋을 부린 무표정한 아가씨가 있다면 어떨까. 그것은 분명히 제 자리를 잘못 찾은 경우다.

육당의 글에 나라의 요직에 맞는 인물 군##을 소개한 게 있다. 국무총리에 고구려 을파소, 육군장관에 을지문덕, 해군장관에 이순신, 교육부장관에 설총, 검찰 총장에 조광조, 국립대학총장에 이황…. 자리에 따라 전문가를 갖다 놓으면 나라가 올바르게 돌아가리라는 얘기다.

제주도라고 예외일 수는 없다. 우리가 사회경제적으로 풍요로워지려면 국내외서 유능한 사람들을 강력하게 끌어들이는 특성화된 브랜드가 있어야 하지 않을까. 이 브랜드의 중심에는 각각의 자리에 어울리는 '사람'이 있다. 세상을 움직이는 것은 제도가 아니라 제도를 운영하는 사람이기 때문이다. 사람을 쓸 때에는 그 사람의 화려한 경력이나 현란한 자격증 따위에 현혹될 게 아니라, 자리에 적절히 어울리는 사람을 가려내야 한다. 이름 있는 사람이라고 하여 어느 자리에서든 빛을 내는 건 아니다. 나무를 잘 쪼개는 데는 황금도끼보다 무쇠로 만든 도끼가 더 쓸모가 있다.

사람을 적재적소에 배치함으로써 세계평화의 섬인 제주를 브랜드화 할 전략을 구상하고 실천해 나가야 한다. 냉철한 사고와 부드러운 감성을 지닌 창의적인 '사람'을 잘 기용하는 것이 제주를 명실상부하게 세계평화의 섬으로 만들어 가는 지름길이다. 우리 모두는 자기가 앉은 자리를 꽃자리로 만들기 위해 노력해야 한다. 그런 노력에 의해 가시방석은 꽃자리가 될 수 있다.

(2005)

5부
교육이 죽으면 나라가 망한다

제주교육의 새 시대를 소망하며 | 제주교육의 성과와 미래
콩나무로 키울까, 콩나물로 키울까 | 교육을 정치논리로만 생각지 말라
제주교육에도 관심과 애정을 | 학교폭력, 어떻게 할 것인가
교육이 행정의 시녀侍女인가 | 교육이 죽으면 나라가 망한다
밝은 교육 맑은 제주 | 제주국제학교에 대한 기대와 우려
사랑과 기쁨의 5월 | 설득과 소통의 리더십

제주교육의 새 시대를 소망하며

2013년 계사년 새해가 밝았다. 해가 바뀌는 것은 자연의 순리이자 이치이지만, 행복을 꿈꾸며 살아가는 우리는 해가 바뀔 때마다 새로운 꿈과 희망을 안고 어제보다 나은 삶을 기대하게 된다.

희망찬 새해를 맞이하여 제주교육가족과 제주도민 모두에게 행복하고 즐거운 일만 가득하게 되기를 소망해 본다. 학교 운동장에서 즐겁게 뛰어노는 어린 학생들을 보니 우리나라의 미래를 바라보는 것 같아 가슴이 부풀어 오른다.

생각해보면, 지난 2012년 제주 교육계는 타 지역에서도 놀랄 정도의 커다란 성과를 거두었다. 대입수능 3년 연속 전국 1위를 차지하는가 하면, 전국 시·도교육청 평가에서도 전국 최우수 기관이라는 쾌거를 이뤘고, 청렴도 평가 3년 연속 최우수기관과 반부패 경쟁력평가 3년 연속 우수 기관으로 선정되었다.

제주도의 어려운 교육여건과 환경 속에서도 이 같은 큰 성과를 거둔 것에 대해 타 시·도에서는 모두 부러워하고 있다. 이것은 전적으로 일선 학교의 선생님들과 학생들, 그리고 교육행정에 종사하는 많은 사람들의 불철주야(의) 노고 덕분이라 할 수 있다.

그러나 새해를 맞이해 우리의 교육현황을 다시 살펴보고, 전국의 어느 교육기관에서도 따라올 수 없을 정도의 훌륭한 교육의 터전으로 견고히 굳히겠다는 새로운 다짐을 해야 할 것이다. 매년 1월은 한 해를 계획하며 새로운 것을 시작하고 결심하는 시기다. 학생과 학부모 그리고 자기계발을 원하는 직장인들까지 가장 의욕이 넘치는 때라, 개인은 물론 교육기관에서도 다양한 계획을 수립하게 된다.

줄탁동시啐啄同時란 사자성어가 떠오른다. 병아리가 부화를 시작하면 세 시간 안에 껍질을 깨고 나와야 질식하지 않고 살아남을 수 있다고 한다. 알 속의 병아리가 껍질을 깨뜨리고 나오기 위해 껍질 안에서 아직 여물지 않은 부리로 사력을 다해 껍질을 쪼는 것을 줄啐(떠들 줄)이라 하고, 이때 어미 닭이 그 신호를 알아차리고 바깥에서 부리로 쪼아 깨뜨리는 것을 탁啄(쫄 탁)이라 한다. 줄과 탁이 동시에 일어나야 한 생명이 온전히 탄생하는 것이다. 우리 모두가 한마음과 한뜻이 돼야 비로소 커다란 업적과 성과를 거둘 수 있다.

제주교육계와 마찬가지로 제주도에서도 계사년은 지난해와는 다른 새로운 도약을 기대하고 이를 준비해야 하는 중요한 해가 돼야 한다. 이제까지 소외됐고 우선순위에서 밀렸던 제주도의 가치를 바로 세우고, 지금보다 더 살기 좋은 도시 제주도를 만들어야 할 것이다.

그러기 위해서는 도민 모두가 새로운 마음가짐을 가져야 한다. 무엇보다 중요한 것은 하나 된 마음으로 서로 화합하는 길일 것이다. 대통합의 시대에 정치·사회적인 갈등과 사고의 편협함에서 벗어나 새로운 도약의 기회로 삼아야 함을 의미한다. 먼저 서민들의 생활에 직간접적인 영향을 행사하는 지도자들부터 높은 도덕적 의무감을 가지고 행해야만 도민들이 그에 호응한다는 것은 불문가지의 일이다.

제주도는 국내 최고의 관광도시의 위상을 지니고 있지만 경제, 사회, 문화 등 여러 분야에서 낙후되었다고 해도 지나치지 않다. 대한민국이 활기찬 번영을 누리는 동안 제주도는 도서島嶼지역, 자연보호지역 등 수많은 규제로 인해 정부정책 결정에서 항상 외면되어 왔다. 제주도는 이럴 때마다 중앙정부의 정책적 배려를 요구했고, 그럼에도 불구하고 어김없이 푸대접과 소외를 당해 왔다.

이제는 정책적 배려만을 바랄 것이 아니라, 우리 제주도가 전국 최고의 도시로 도약할 수 있다는 희망을 가지고 한마음 한뜻으로 똘똘 뭉쳐야만 한다. 그리하여 우리 미래를 우리 스스로 일궈내야 한다. 어제는 역사이고, 내일은 신비이며, 오늘은 선물이라는 말이 있다. 그것이 우리가 현재를 선물이라고 부르는 이유이다.

　계사년 뱀띠 해에 뱀의 생명력과 지혜로움으로, 세계 속의 대한민국 시대를 개척하기 위해 새롭게 출범하는 박근혜 민생정부가 활짝 열려 국민들을 위한 공생의 정책들이 순조롭게 전개되기를 기원한다. 아울러 제주교육과 제주도도 새로운 풍요로움으로 가득한 한 해가 되기를 간절히 소망해 본다.

(2013)

제주교육의 성과와 미래

교육을 나라의 백년지대계百年之大計라고 말한다. 교육은 나라의 미래를 위해 장기적인 관점에서 계획을 세우고 실천해야 하는 막중한 일이라는 뜻이다. 교육은 일차적으로 가정에서 출발하지만 학교 교육도 매우 중요하다. 오늘날과 같이 격변하는 사회현실 속에서 학교 교육에 많은 비용을 투자하고, 효과적인 교육방법을 찾고, 올바른 교육행정을 하는 데 노고를 아끼지 않는 이유도 이 때문이다.

공자의 말씀을 담은 ≪논어≫에는 교육에 대한 구절이 이렇게 시작된다. "배우고 때때로 익히면 기쁘지 아니한가?(學而時習之 不亦說乎)" 우리들의 귀에도 익숙한 이 말에서 공자는 사람이 살아가는 데 있어서 가장 중요한 것이 배우는 것이라고 했다. ≪논어≫에서는 배우는 것을 학學이라 하였고, 익히는 것을 습習이라 하였다. 학은 아이가 양손을 펼쳐 책을 들고 있는 모습을 하고 있고, 습은 어린 새가 날개를 퍼덕이며 스스로 나는 연습을 하는 형상이다. 다른 말로 하면 학은 책을 통해 배우는 지식 공부를 의미하고, 습은 배운 지식의 바탕 위에 실천을 더함으로써 내 것으로 만드는 과정을 의미한다.

제주교육은 학생과 학부모, 그리고 선생님들이 늘 최선의 노력을 다해왔다. 논에서 자라는 벼가 농부의 발걸음 소리를 듣고 자라듯이, 학생들은 선생님의 발걸음 소리를 듣고 자란다. 이제 제주교육은 전국 어디에 내놓아도 모자람이 없는 최고의 단계에 이르렀다.

대입수능 4년 연속 전국 1위를 차지하는가 하면, 전국 시·도교육청 평가에서도 전국 최우수 기관이라는 쾌거를 이뤘고, 반부패 경쟁력평가 3년 연속 우수 기관으로 선정됐다.

이 같은 성과에 이어 2013년도 공공기관 청렴도 평가에서 제주도교육청이 2년 연속 전국 1위를 차지했다. 이 평가는 중앙행정기관과 지방자치단체, 교육청, 공공기관을 대상으로 이뤄졌는데, 전국 시도교육청 중에서 제주도교육청만 1등급을 받아 타 기관의 부러움을 사고 있다. 이는 그동안 제주도교육청이 지속적으로 청렴 제주교육을 지향한 결실이라 할 수 있다.

제주교육의 성과는 우리 사회의 청렴문화를 확산시켜 나아가는 데도 크게 기여를 하게 될 것이다. 사회생활에서 요구되는 기본적인 도덕과 윤리, 예절과 배려 등은 이미 학교에서 다 배운 것들이다. 이런 가르침들이 머릿속에만 있고, 삶에서 실천하지 못하면 아무 소용이 없다. 우리나라의 청렴도가 OECD 평균 수준에도 못미쳐 이것이 경제성장과 정치발전의 걸림돌이 되고 있다는 것은 주지의 사실이다. 사회가 보다 투명하고 청렴해지지 못하면 우리나라가 선진국의 대열에 낄 수 없음은 분명하다. 그런 의미에서 제주교육이 거둔 청렴도 평가는 우리 사회를 보다 나은 단계로 발전시키는 데 필요한 덕목이 무엇인가를 잘 말해 준다.

풀 한 포기 제대로 자라지 않을 것 같이 척박했던 제주교육의 바탕에서 이렇게 자랑할 만한 성과를 거둔 것은 제주교육계에 종사하는 모든 사람들의 각고의 노력 덕분이다. 다른 사람이 나를 존중하고 기대할 때, 그 기대에 부응하기 위해 노력하여 더 좋은 결과를 거두는 현상을 '피그말리온 효과'라고 한다. 사회적 동물인 인간은 다른 사람으로부터의 관심과 칭찬 속에서 더욱 성장하고 발전한다. 제주도민들이 제주교육에 대하여 더 많은 기대를 가지고 사랑해 준다면, 제주교육은 우리 사회의 학學과 습習을 훌륭하게 펼치는 교육의 전당으로 거듭나게 될 것이다.

(2013)

콩나무로 키울까, 콩나물로 키울까

 연구원 주변의 나무들이 유난히 햇빛에 반짝인다. 싱그러운 녹색이 전하는 평화로움에 한껏 충만해있던 어느 날, 한 학부모와 얘기를 나누게 됐다. "아이 교육을 위해 직장까지 관두고 아이 뒷바라지에 전념했건만, 아이는 게임에만 빠져 있어요. 궂은일 안 시키고 온실에서 곱게 키우고 있는데 이유 없이 소리를 막 질러댈 때는 눈물이 다 납니다."
 우리는 부모와 자식, 스승과 제자, 너와 나 사이 등 숱한 관계망 속에서 살아간다. 그 틈으로 희로애락은 물론 비바람이 들락거리고 날카로운 신경전까지 펼쳐진다. 망이 뜯겨져 갑자기 된서리를 맞지 않으려면 간격을 잘 조절해나가는 지혜가 필요하다.
 고슴도치처럼 온몸에 긴 바늘을 가지고 있는 '호저'가 있다. 이들은 추위를 견디지 못할 때 서로 몸을 기대어 온기를 나누는데 욕심을 부려 너무 가까이하면 침에 찔려 상처가 나고, 너무 멀리 떨어져 있으면 추위를 견디지 못해 죽게 된다.

요즘 아이들은 자기중심적이고 참을성이 부족하다고 하는데 그들 탓만이 아니다. 옛날에는 아이들이 골목골목에서 뛰놀며 다투기도 하고 인내심도 배우면서 자랐다. 또한 대가족 제도에서 밥상머리에 모여 앉으면 할머니에게 투정도 부리고 형제자매에게 자신의 얘기를 털어놓을 수 있었다.

하지만 지금은 한 가족이래야 기껏 서넛인데다 그마저 같이 둘러앉아 식사 한 번 제대로 하기 힘든 세상이다. 아이들이라고 즐거운 일만 있겠는가. 분하고 억울한 일도 있을 것이다. 그런데도 속 시원히 털어놓을 마땅한 상대가 없다는 것이 문제다. 결국 그게 쌓이고 쌓이면 분노로 표출되는 것이다.

요즘 가정을 들여다보자. 같은 지붕 아래 살면서도 가족 간에 따듯한 말 한마디 없이 제각각이다. 일주일에 단 한 시간만이라도 좋으니 밥상머리에 앉아 교감을 나누는 시간을 가져보면 어떨까. 가족들과 마주 앉아 아이들의 얘기를 끝까지 들어주면서 감정을 공유하다 보면 만사가 풀린다. 세상에서 가장 따듯한 곳은 가족의 밥상이라고 하지 않는가.

제주도교육청에서는 매주 수요일을 밥상머리교육의 날로 정하여 그날은 행사도 가급적 지양하고 가족과 지내도록 독려하고 있다. 가족이란 밥을 함께 먹는 사람 '식구食口'로써 밥은 유대감을 끈

끈히 느끼게 하는 중요한 매개체다.

가족은 가까이 앉아 서로의 표정이나 눈빛을 함께 느끼고 때로는 툭 쳐보기도 하면서 부대끼는 사이다. 긁힌 자국이 있으면 보살피고, 기운이 없어 보이면 위로도 하면서 말이다.

대한민국 국민이라면 누구를 막론하고 교육문제를 걱정한다. 그 문제만 나오면 전 국민이 한마디라도 할 정도로 관심도, 식견도 높다. 하지만 정작 핵심은 간과하고 있다.

자녀는 부모의 뒷모습을 보고 자란다고 한다. 부모는 자신의 뒷모습을 보지 못해도 자녀는 보고 있음을 알아야 한다. 게임에만 빠져있는 것 같아도 다 지켜보고 있다. 그러기에 선생님들은 오늘도 바른 언행으로 제자들에게 모범을 보이고 있는 것이다.

교육을 지탱하는 힘은 수레바퀴 원리와 같다. 두 바퀴가 어느 한쪽으로 치우치지 않도록 학교와 가정이 나란히 그 중심축을 잘 잡아줘야 한다.

청소년들이 무슨 문제를 일으키면 언론에서는 '학교폭력' 운운하면서 공교육에 대한 불신을 드러낸다. 그나마 제주 학부모들은 공교육에 대한 신뢰가 남다르니 참으로 다행스럽다.

엊그제 만난 분들도 제주 교육가족들의 성과에 뿌듯해하면서 감격하고 있었다. "수능성적 4년 연속 전국 1위 제주, 정말 대단하지 않나요? 중앙 일간지에도 대서특필로 보도하고 있을 정도로 전국적인 이슈잖습니까." "전국 시·도교육청 평가에서도 작년에 1등 했잖아요. 아, 청렴도에서도 몇 년 동안 최우수 받았다던데, 선생님들의 헌신적인 노고 덕분에 우리 아들도 좋은 대학에 들어갈 수 있었습니다. 자취생활을 하면서 고생깨나 하고 있습지요."

문득 정채봉님의 〈콩씨네 자녀교육 이야기〉가 귓가에 맴돈다. "광야로 내보낸 자식은 콩나무가 되었고, 온실로 들여보낸 자식은 콩나물이 되었다."

(2013)

교육을 정치논리로만 생각지 말라

 우리 사회에서 1970, 80년대는 교육이 정치에 휘둘리던 시절이었다. 교육은 정치에 예속되어 정치가들의 말 한두 마디에 오락가락했고, 학교는 군사교육의 연장이 되어 학생들은 군사훈련복을 입고 교문을 들어서기도 했다. 아침에 입안된 교육정책이 저녁이면 뒤바뀌는 조령모개朝令暮改가 판을 쳐서 진정한 '교육'이라는 말 자체가 실종되다시피 한 시절이었다.
 그러나 우리 사회는 눈부신 발전을 이루어 정치·경제·사회·문화·교육의 모든 분야에서 각각의 다양성과 전문성을 인정받기에 이르렀다. 특히 다른 어떤 분야보다도 열악한 조건에 있었던 우리 교육도 이제는 거의 선진국 대열에 들어섰다는 자부심을 가져도 좋을 정도다.
 멀리 갈 것도 없이, 제주교육계의 현재 모습을 살펴보더라도 이

점은 잘 나타난다. 지난 몇 년 사이에 제주교육은 타 시·도의 부러움을 살 정도로 괄목할 만한 성과를 거뒀다.

대입수능 3년 연속 전국 1위를 차지했고, 2012년 전국 시·도교육청 평가에서 제주특별자치도교육청은 전국 최우수 기관이라는 눈부신 평가를 받았다. 제주교육의 이 같은 성과는 결코 하루아침에 이루어진 것이 아니다. 일선 학교에서 묵묵히 소임을 다하시는 선생님들, 그 선생님들을 따라 열심히 공부한 학생들, 학부모와 지역사회, 그리고 이들을 지원하기 위해 불철주야 애써준 교육 행정가들의 노력 덕분이다. 수년 동안, 아니 수십 년 동안 교육계에 종사하는 모든 사람들의 땀의 결정체인 것이다.

제주교육이 성취한 이런 성과가 교육계 밖의 시각에서 바라본다면 별 대수롭잖은 것으로 보일 수도 있다. 특히, 목적을 위해서 눈앞의 신속한 결과를 얻는 데 익숙한 정치적 논리에서 본다면, 제주도교육청의 교육지표인 '미래사회를 주도할 창의적인 인재 육성'을 위한 지속적인 노력과 그 성과를 가볍게 생각할 수도 있다.

이런 관점에서 볼 때, 최근 제주도의회와 제주교육계에서 쟁점이 되고 있는 소규모 3개 초등학교 통폐합에 관한 조례 재개정 추진 사안은 대단히 유감스러운 일이 아닐 수 없다.

제주특별자치도교육청에서는 교육의 질을 개선하기 위해 지난해 12월 초에 풍천초등학교·수산초등학교·가파초등학교를 올해 분교장으로 개편하겠다는 조례안을 도의회에 제출한 바 있다. 이에 대하여 도의회 교육위원회에서는 조례안에 1년간 유예기간을 두 '2013년 3월 1일부터 분교장으로 개편할 수 있다.'는 부칙을 만들어 가결했고, 12월말에는 도의회 본회의에서 재석의원 26명 중 25명 찬성으로 통과시켰다.

이에, 교육감은 도의회에서 수정 가결된 조례를 의회 존중 차원에서 적극 수용하여 2012년 1월 공포했다. 법령 공포는 교육감이 도민들에게 이를 반드시 이행하겠다는 약속이다. 그러나 이 법령을 도의회 교육위원회 일부 의원들은 원천무효화하려 하고 있다.

국가와 사회의 법령은 일단 공포되면 신뢰성과 법적 안전성이 확보되어야 한다. 공포한 법령을 뚜렷한 이유도 없이 불과 6개월 만에 뒤집겠다는 것은 어떤 명분을 내세워도 납득하기 어렵다.

소규모학교 통폐합 관련조례에 문제점이 있었다면, 그 당시에 문제제기를 했어야 했다. 이미 공포되어 시행을 코앞에 둔 사안을 지금에 와서 원점으로 되돌리겠다는 것은 도민을 우롱하는 처사이고, 도의회에 대한 신뢰를 스스로 땅에 떨어뜨리는 일이다.

서두에서도 이야기했듯이, 과거에 교육은 정치논리에 의해서 이리저리 휘둘렸지만, 오늘날과 같은 다원화·전문화시대에 교육은 교육의 장에서, 정치는 정치의 장에서 토론하고 결정되어야 한다. 국민 모두가 교육전문가라고 생각하는 우리나라와 같은 상황에서 교육은 누구나 다룰 수 있는 주제로 생각할 수 있지만, 교육을 정치논리로 함부로 생각하고 이끌어가던 시대는 이제 끝났다.

미국의 유명한 문화사학자인 스튜어트 홀(Stuart Hall)이 "교육은 정치적이지 않으며 정치적으로 해결될 수도 없다."는 말은 지금 우리 모두가 경청해야 할 말이다.

(2012)

제주교육에도 관심과 애정을

일주일여 동안의 출장에서 돌아와 몸은 파김치가 되었지만, 이 원고를 마무리하기 위해 늦은 밤까지 앉아 있으니 어디선가 다시 힘이 솟아난다.

타 시·도에 출장을 가보면, 일선에서 교육정책을 입안하고 시행하는 교육 관리직들은 하나같이 제주교육을 경이로운 눈으로 바라본다. 도대체 어떻게 하기에 제주특별자치도교육청에서는 대입수능에서 3년 연속 전국 1위를 차지하고, 청렴도 평가 3년 연속 우수기관과 부패방지 시책평가 최우수 기관으로 선정되었으며, 학교급식 분야 전국 최우수, 재난대응훈련에서도 2년 연속 우수기관 평가를 받았는가.

그뿐이 아니다. 2012년 전국 시·도교육청 평가에서도 제주특별자치도교육청은 전국 최우수 기관이라는 쾌거를 이뤄냈다. 한두 해도 아니고 어떻게 이런 놀라운 성과를 계속 거둘 수 있는지 놀라워한다.

교육계에 몸담은 지 오래된 고위 관리직 중에서는 제주교육 운영의 비법과 창의적인 어떤 특별한 시스템을 살짝 귀띔이라도 해주면 안 되겠느냐고 매달린다. 그럴 때면 그동안 힘들고 어려워 축 처졌던 어깨도 으쓱 올라간다.

그런데 정작 이 같은 사실을 간과하는 것은 오직 제주에서 뿐이다. 제주에서는 온통 관심이 정치적인 일과 개발논리에만 쏠려 있는 듯하다. 해군기지 문제로 제주도 전체가 들썩이더니 이제는 탑동매립지를 더 늘리기 위해 다시 바다를 매립하겠다는 계획으로 시끄럽다.

또한 우려한 바대로 '세계7대자연경관' 선정에 힘입어 제주 곳곳에는 엄청난 개발의 돌풍이 예견된다. 중국인들은 단체로 몰려와 제주의 경관 좋은 곳을 무차별적으로 사들이고 있다고 한다. 앞으로 제주 섬이 어떻게 될 것인지 정말 뜻 있는 사람들은 한숨을 내쉬고 있다.

제주가 이렇게 망가지고 있지만, 그나마 교육계만큼은 묵묵히 본분을 다하고 있기에 제주가 이 정도라도 살아남아 있는 것이 아닌가 하는 생각이 든다. 아전인수我田引水로 비쳐질까 조심스러워서 그동안 제주교육계의 업적을 마음껏 자랑하고 싶어도 애써 자제해 왔는데 제주도민들의 자긍심을 북돋기 위해서라도 이번에는 드러내놓고 이야기하지 않을 수 없다.

제주교육이 거둔 이러한 성과는 학생들과 학부모는 물론, 제주도 내 교직원들의 밤낮 없는 노고가 나타낸 결과이기에 더욱 돋보인다. 학생들과 학부모, 그리고 교육 종사자들이 서로 어긋남이 없는 네트워킹을 만들어 조화를 잘 이뤄낸 쾌거이다.

현대사회에서는 어떤 일이든 혼자서 쉽게 이룰 수 있는 일이 흔치 않다. 어느 한곳의 권위와 독주가 아닌, 일사불란한 팀워크가 이 같은 결과를 이뤄냈다. 육지의 많은 교육청이 부러워할 정도의 유기적이고 효율적인 교육방향 설정과 전폭적인 지원, 묵묵히 제자들의 교육과 성장을 위해 헌신하는 일선학교 선생님들의 열정, 자신들의 본분을 다하며 열심히 공부한 학생들, 그리고 지역사회와 학부모님들의 뒷바라지, 이 모두의 총체적 화합의 결과이다.

이 같은 중요한 성과를 우리 지역에서는 지나치고 있거나 모르고 있지만, 이런 결실들이 모여서 제주가 대한민국에서 가장 훌륭한 도시가 될 수 있다. 우리들의 자부심과 꿈이 모여서 위대한 학자가 더 나올 수도 있고 뛰어난 예술가도 더 등장할 수 있는 것이다.

교육은 국가의 백년대계라고 했다. 눈앞의 정치와 경제는 당장의 이익을 구하는 것이지만 교육은 백 년을 내다보면서 생각하고 실행해야 한다. 이제 우리 사회의 희망찬 미래를 위해서 우리나라의 교육과 제주교육에도 더 많은 관심과 애정을 기울이자.

(2012)

학교폭력, 어떻게 할 것인가

최근 들어 청소년 폭력 문제는 심각한 사회 문제로 대두되고 있으며, 특히 학교에서 학생들 사이에 벌어지고 있는 학교폭력은 조직화되고 잔인한 반인륜적인 모습을 보이고 있다. 학급 친구들로부터 집단 폭력의 고통에 시달리다가 자살을 하는 학생, 사회의 폭력배들 못지않게 조직적으로 급우에게 금품을 요구하거나 폭행을 하는 학생이 있는가 하면, 학교생활에 적응하지 못하여 외국 유학을 보내달라고 조르는 학생 등이 발생하고 있는 현실이다.

학교폭력의 유형은 다양해지고 있으며, 초등학생에서 중·고등학생에 이르기까지 날로 광범위해져가고 비인간화 현상까지 보이고 있다는 점에서 심각성을 더해가고 있다. 그럼에도 불구하고 학교 폭력이 왜 발생하며 이에 대한 근본적인 대처 방안은 무엇인가에 대한 해결책은 요원한 실정이다.

학생들은 성장해가면서 사회로부터 폭력을 당하고 있다. 폭력에 노출된 상황에서 자라난 청소년들은 피해자인 자신도 언젠가 폭력을 행사할 수 있는 존재로 성장하게 될 것이다.

학교폭력에 대한 대처방안은 보는 시각에 따라, 처한 위치에 따라 제각각이다. 범정부적 차원에서 세미나를 개최하고 다각도의 방안을 마련하고자 했지만 뚜렷한 대안도 없는 실정이다. 기껏 그동안 학교폭력에 적극적으로 대처하지 않았다는 이유로 담임교사와 교장을 법적으로 처벌한다는 식의 한심한 방안만 나오고 있다. 학교폭력 전반에 대한 문제의 근본적인 원인을 찾기보다는 무조건 학교 측 책임으로만 몰아붙이는 작금의 현실이 답답하기 이를 데 없다.

또한 학교폭력은 일단 가해자에 대한 온정주의가 지금의 상황을 초래했으므로 앞으로는 엄벌주의로 가야 한다는 식으로 논의되고 있다. 상황이 너무 심각하고 대책 마련이 시급하기 때문에 단기적으로는 이런 강경책이 어느 정도 필요하다고 본다. 그러나 엄벌주의는 한계에 부딪힐 수밖에 없고 학교폭력을 근원적으로 예방하는 길이기는 커녕 임시방편일 뿐이다.

생각해보면, 학교폭력 문제는 어느 개인만의 문제가 아니라 가정과 학교와 사회의 모순이 집약돼 나타나는 병리 현상이라고 할 수 있다. 지금 우리 청소년들에게 어린 시절부터 강요되는 경쟁적 분위기는 서로를 사랑하고 관심을 기울일 여유조차 갖지 못하게 하고, 서로를 궁지로 몰아넣고 있다. 입시지옥에서 살아남아 좋은 대학에 들어가야 한다는 불안이 청소년들을 끊임없이 압박하고 있다. 그 결과 바로 옆에서 일어나는 어떠한 일에 대해서도 무관심하게 만들어 누군가의 죽음조차 외면하는 상황을 낳고 있는 것이다. 학교폭력으로 인해 괴로워하던 학생의 입장에선 가까이 있는 친구들의 무관심이 폭력 자체보다 더 무서웠을 수도 있었을 것이다.

사랑과 무관심은 함께 있는 것이다. 우리 사회를 인간답게 살 수 있는 공간이 되게 하기 위해서는 다른 어떤 능력과 지식보다도 중요한 것이 사랑이다. 같은 공동체에 속한 사람들이 서로 사랑하고 관심을 가져주는 것보다 중요한 것은 없다. 편 가르기와 무한경쟁의 분위기는 인간을 갈수록 폭력적으로 만들 수밖에 없다.

학교폭력 문제는 사후 처방이나 뒷수습이 아니라 사전 예방에 초점을 두고 풀어야 된다. 문제 학생의 상담 활성화를 위한 전문상담교사의 확대, 교사와 학생 간, 가해학생과 피해학생 간 신뢰회복을 위한 지속적인 상담, 학생들의 정서적 보호 기능을 대체할 수 있는 방안 등등의 획기적인 해결책이 마련되어야 한다. 폭력이 난무하는 교실을 따뜻하고 즐거운 교실로 바꾸려면 장기적으로 이런 거시적 구조를 근본적으로 마련하고, 학생들을 학업서열구조에서 자유롭게 해줘야 된다. 학교 교육의 목적이 의사나 공무원을 많이 배출하는 것이 아니라면 하루빨리 획일적인 교육시스템에서 벗어나야 한다. 그 길만이 교육과 학습의 질을 높이면서 학교폭력 문제도 자연스럽게 해결하는 가장 좋은 방법일 것이다.

학교폭력은 일차적으로는 문제 학생들의 개인적 요인에 의해 발생하는 것이라 할 수 있지만, 더 넓게 보면 가정과 학교와 사회라는 환경적 요인으로 인해 발생하는 것이다. 학교 폭력을 없애기 위해서는 우리의 삶의 환경을 근본적으로 변화시켜야 하고, 그 구성원들인 어른들이 먼저 변해야 한다.

지금 우리가 관심을 기울여야 할 곳은 정치판이 아니라 이 나라의 미래를 이끌어갈 우리의 아이들이다.

(2012)

교육이 행정의 시녀侍女인가

교육계가 또 술렁대고 있다.

최근에 열린 전국시도지사협의회는 교육감 직선제를 폐지하고 선출 방식을 개선할 것을 촉구했다. 협의회는 "현재의 교육자치는 교육 수요자의 요구를 반영하지 못하고 있다."며 "지방교육청을 지방정부에 통합해야 한다."고 주장하기도 했다.

또한 제주에서는 도내 초·중·고교 감사 권한을 둘러싼 제주특별자치도와 도교육청 간 첨예한 대립이 끝내 접점을 찾지 못한 채 정면충돌로 가는 양상이다. 제주도와 도교육청은 제주특별자치도 특별법과 초·중등교육법 등 관계 법령을 근거로 모두 "감사 권한이 있다."며 한 치의 양보도 없이 맞서면서 갈등을 증폭시키고 있는 것이다.

헌법 제31조 제4항은 교육의 자주성·전문성 및 정치적 중립성

보장을 규정하고 있으며, 교육기본법 또한 "국가 및 지방자치단체는 교육의 자주성과 전문성을 보장하여야 한다."고 되어 있다. 그럼에도 불구하고 우리나라에서는 사회적 변화나 이슈가 있을 때마다 교육계를 마구 흔들어, 일선에서 묵묵히 학생들 교육에만 전념하고 있는 선생님들을 허탈하게 만들고 있다.

교육감 직선제 폐지와 선출 방식에 대해서는 논외로 치더라도, 제주도와 도교육청이 갈등양상을 보이고 있는 감사 권한에 대한 다툼을 바라보면서 몇 가지 사실을 심각하게 지적하지 않을 수 없다.

첫째로 교육의 자주성과 정치적 중립성은 보장되어야 한다. 지방교육자치제도는 교육의 정치적 중립성을 보장하기 위한 장치다. 그동안 우리교육이 정치적으로 허다하게 이용당해 왔음을 부인할 수 없다. 역사적으로, 정치권이 정권의 안정과 정당성을 확보하기 위해 교육을 정치적으로 이용해 왔고, 그 부작용으로 교육이 뜻하지 않은 불신을 받아 온 측면도 많다. 교육의 자주성에는 정치권력으로부터 독립해서 교육의 자유와 자율을 지키는 일이 포함된다. 그럼에도 교육의 자주성을 보장하기는커녕 교육을 정치와 행정의 통제 아래 두고 지배하려 해서야 되겠는가.

둘째로 어떠한 경우에도 교육의 전문성이 무시되어서는 안 된다. 다원화사회의 도래와 더불어 사회의 모든 분야에서는 전문성과 독자성이 강조되고 있다. 그러나 교육 분야에서 만큼 전문성이 존중되지 못하는 분야도 드물다. 수십 년씩 교육일선에서 교육과 교육행정에 종사해 온 사람들이 교육에 관한한 가장 전문성을 지닌 집단이다. 이들의 이야기를 도외시한 채로 교육을 논한다는 것은 어불성설이 아닐 수 없다.

셋째로 교육을 행정의 논리로만 이해하고자 하는 관료주의적 태도는 지양되어야 한다. 그동안 우리 사회에서 만연해온 교육경시 풍조에도 불구하고 아직도 일부에서는 행정의 일관성이나 종합성을 내세워 교육의 자율성을 무시하는 경향이 있다. 지금 문제가 되고 있는 감사권한에 관한 갈등도 이에 다름 아니다. 갈등에 대한 해결 없이 어제부터 제주도에서는 일선학교 감사에 들어갔다.

이제 일선학교의 교원들은 제주특별자치도와 도교육청으로부터 이중의 감사를 받기 위한 준비로 수업도 제대로 못하며 허둥댈 것이 뻔하다. 교원들이 학생들을 가르치고 지도하는 고유의 업무에 전념할 수 있도록 잡무를 경감해주고 학교의 자율 활동을 도와주지는 못할망정 왜 이런 일을 만들고 있는가. 교육을 행정의 논리로만 이해하고자 할 때는 교육의 모든 것을 놓쳐버리는 어리석음을 범할 수 있다.

끝으로 교원과 교육의 역할을 불신해서는 안 된다. 먼발치에서 교육계를 바라보는 분들은 쉽게 이해하지 못하겠지만, 교육계 일선에 계시는 교원들은 정말 하루하루 엄청나게 힘든 나날들을 보내고 있다. 매일같이 쏟아지는 공문과 수시로 바뀌어 시달되는 교육정책으로 잠시도 숨 돌릴 사이가 없다. 그럼에도 교원들은 오늘도 학생들 교육을 위해 최선의 노력을 다하고 있다.

우리 사회의 어느 분야에서도 그렇듯이, 그동안 교육계에도 불미스러운 일들이 일부 없지 않았지만 우리나라가 정치·경제·사회 등 모든 분야에서 현재와 같은 발전을 이룩하게 된 것은 수많은 선생님들의 열정과 희생이 있었기 때문이라는 사실을 잊지 말아야 할 것이다.

지방교육청을 지방정부에 통합해야 한다는 주장이나, 도내 초·중·고교 감사 권한을 제주특별자치도가 가지겠다는 주장은 상식적으로 납득할 수 없는 일이다. 헌법정신과 일선 교육계의 정서가 무시된 채 지방교육자치가 또다시 흔들린다는 사실에 대해 교육계는 깊은 우려의 눈길을 보내고 있다.

"명분이 바르지 못하면 말이 제대로 되지 않고, 말이 이치에 닿지 않으면 일이 제대로 되지 못한다(名不正則言不順 言不順則事不成)."는 공자님 말씀은 지금 우리 모두가 새겨들어야 할 이야기이다.

(2011)

교육이 죽으면 나라가 망한다

엊그제 퇴근길에 볼일을 보기 위해 시내로 나가던 중이었다. 자동차들이 많이 다니는 네거리에서 접촉사고가 있었던지 양측 운전기사들이 차를 길 한복판에 세워놓고 서로 상대방을 비난하며 고성을 지르는 광경을 목격하게 되었다. 복잡한 네거리에서는 자동차들이 서로 먼저 가겠다고 뒤엉켜 경적을 울려대며 근처는 곧 아수라장이 되고 말았다. 이 같은 광경을 바라보면서 우리 국민의 문화와 교양이 이정도인가 하는 의심을 하지 않을 수 없었다.

길거리에서의 이 광경은 요즘 언론 매체에서 만나게 되는 온갖 불유쾌한 소식들을 연상시켰다. 기쁨과 희망을 주는 소식보다는 누가 얼마를 횡령하고 비리를 저질러 조사를 받고 구속되었다는 소식투성이이다.

지금 우리 사회는 극단적 개인주의, 물질중심주의, 집단이기주의에 빠져 조용할 날이 없다. 갈수록 인정은 메말라가며 상대방에 대한 존중이나 배려는 사라지고 경멸과 냉소를 하는 경향이 일반화 되어가고 있다. 우리 사회가 경제적으로는 많이 발전했다고 하지만 아직도 정치와 사회의 많은 면에서는 나날의 삶이 고달픈 서민들이 도저히 이해하지 못할 부정과 부패가 만연하고 있다. 이성적인 대화와 논리로서 해결되어야 할 일들이 걸핏하면 집단 농성으로 이어져서 주말이면 도심 곳곳이 마비되기도 한다.

도대체 우리나라가 왜 이 지경까지 이르게 되었는지 곰곰이 생각해본다. 이 모든 것이 교육에서 출발이 잘못되었다는 것이 필자의 생각이다. 가정교육부터가 타인을 배려하는 사랑과 희생의 그것과는 거리가 멀다. 우리 집 아이는 몇 등을 하는데 옆집 아이는 몇 등이고 무슨 과외를 받아서 무슨 대학에 진학했다더라. 이런 분위기에서 자식들의 인성은 어떠하며 적성은 무엇이고 관심사가 무엇인지 알 리가 없다.

학교 교육도 마찬가지다. 어느 학교가 소위 명문대에 몇 명을 진학시켰는지에 모든 관심이 집중되어 있다. 학교교육에서도 인성교육은 갈수록 사라져 가는 느낌이다. 더 나아가 최근 우리 교육계의 일선에서는 '민주화 교육'이니 '수요자 중심교육'이니 하는 바람이 일면서, 선생이 학생과 학부모에게 얻어맞고 희롱당하는 기막힌 현실이 벌어지고 있다.

인성을 무시한 지식교육이 물질과 권력을 위해 경쟁하는 방법밖에 더 키우겠는가. 그 같은 교육은 직장을 비롯한 집단에서 명령과 경쟁에 충실한 인간은 만들어 낼지언정 진정으로 자유롭고 창조적인 자아와 사회를 향해 적극적으로 노력하는 인간을 만드는 데는 소홀할 수밖에 없다. 땀의 대가를 가르치지 못한 교육은 허황된 것을 바라고 자기의 부족함보다는 사회구조와 정치권력이 잘못되어서 자기가 불이익을 본다는 생각을 하게 만든다.

아마도 세계적인 수준으로 볼 때도 우리처럼 교육열이 강한 민족은 드물 것이다. 부모들은 자신이 굶더라도 자식 교육을 위해 혼신의 힘을 다 기울였고 그 덕분에 우리사회는 지금과 같은 선진국 수준의 경제력을 이루었다. 그동안 전 세계인들은 대한민국의 경제성장을 바라보며 찬탄을 금치 못했지만 사실 그 이면에는 바로 어떻게든 자녀들을 가르쳐서 꼭 성공시키고야 말겠다는 부모들의 열망이 자리해 있었다.

그러나 우리 사회의 이 같은 교육열은 갈수록 왜곡과 파행을 더해가고 있는 듯하다. 지금 우리 사회가 병들고 부패가 만연한 데는 많이 가지고 힘 있는 사람들의 탐욕과 위선에서 비롯되었다 해도 과언이 아니다. 윗물이 썩어 가는데 아랫물도 썩지 않을 수 없듯이 힘없는 서민들도 살아남기 위해 자구책을 마련하지 않을 수 없게 된다. 정신이 빈곤한 나라에서 물질적 풍요는 사상누각과 같은 것이다.

이미 오래전에 공자는 "인간은 인의예지仁義禮智라는 순수한 덕을 타고난 도덕적인 존재이다. 그래서 제대로 가르치기만 하면 누구나 착하게 된다."라고 하였다. 그러나 지금 우리 사회에서는 가르칠 사람도 배울 사람도 의욕을 상실해가고 있다. 나보다는 가정을, 가정보다는 사회를, 사회보다는 국가를 생각하고 실천하는 패러다임의 전환이 필요한 시기다. 지금과 같은 상태에서는 대한민국의 미래가 없다. 지금 우리 사회에서는 교육이 죽어가고 있다. 교육이 죽으면 나라가 망한다.

(2011)

밝은 교육 맑은 제주

햇살이 눈부신 날이다. 폭염이 끝없이 이어질 것 같던 더위도 처서에 밀려 조금 풀이 꺾인 듯하다.

출근하자마자 컴퓨터를 켜니 "오늘은 클린 제주교육 점검의 날입니다, 공무원의 제1덕목은 청렴이기에…."라는 문구가 화면에 뜬다. 그 아래에 '우리들이 바라는 세상, 맑은 소리'라는 자막이 흐른다. 그 글을 읽다가 창밖을 내다보니 눈앞의 정경들이 마냥 푸르고 싱그럽다.

멀리 사는 친구한테서 전화가 왔다. 부부싸움은 아이 문제에서부터 시작된다면서 자식은 애물단지라고 하소연이다. 가족을 돌보느라 눈코 뜰 새 없이 바쁜 나날을 보내는 우리 어머니들은 오로지 자식의 앞날만을 생각하며 살아간다. 그러니 자식이 조그만 말썽이라도 부리면 낙담한다. 항상 자식에 얽매여 노심초사해야 하는 현실에서 언제쯤 자유로워질 수 있나 하고 생각하면 절로 한숨이 나온다. 그나마 제주지역 학부모들은 전국에서 행복지수가 가장 높다고 하니 정말 다행이다.

그뿐 아니라 청렴도 평가에서도 제주도교육청이 2006년에 이어 2009, 2010년 연속 1위를 차지했고, 부패방지시책 평가 역시 최우수기관으로 선정되어 부러움을 사고 있다.

제주교육이 '청렴도'에서 전국 1위를 했다는 사실은 여러 가지 의미에서 커다란 상징성을 지닌다. 무엇보다 학부모와 학생들로부터 제주교육이 신뢰를 받는 계기가 되었다. 또한 최근 2년 동안 대학수학능력시험에서 제주지역 학생들의 성적이 전국에서 가장 높게 나왔다. 우수한 학력과 청렴이 곧 경쟁력인 시대에 이 같은 성과는 학부모와 학생들의 제주교육에 대한 신뢰의 결과일 것이다.

상부상조를 앞세우던 조상들의 공동체적 삶은 제주의 오랜 전통이었다. 대문 없이 정낭만으로 살아도 되었던 것은 남의 것을 탐하지 않고 모두들 힘을 모아 열심히 살았기 때문이다. 그러기에 예로부터 제주에는 도둑과 거지가 없었다. 끈끈한 인간 공동체를 가능케 한 서로 간의 믿음이야말로 제주인들 삶의 가장 중요한 덕목이었다.

개인이든 집단이든 신뢰가 없으면 불협화음이 나온다. 하물며 신성한 교단에서 교사와 학생들의 관계에서는 더 말할 필요도 없다. 어느 지역에서는 체벌을 전면 금지하고 반성문을 쓰게 하는 것조차도 인권침해라면서 막고 있다. 학생과 학부모들은 교사에게 폭언과 협박, 폭력까지 일삼는 상황이다.

"당신이 뭔데 난리야." "나랑 맞장 뜰래?" "체벌 금지인 거 아시죠, 동영상 찍어 신고할까요?"

이런 막말이 오고 가는 교단에서 겪게 되는 교사의 비애가 얼마나 엄청난 것인지 사람들은 모를 것이다. 옛날에는 스승의 그림자도 밟지 않는다고 했다. 그러나 지금 우리 교단에서 벌어지는 정말 터무니없는 이 같은 일들을 못 들은 척, 못 본 척 그냥 넘어가야 하는 교사들의 가슴은 무너져 내린다. 이런 현실에서 정상적인 교육이 어떻게 이뤄질 것인가. 학생의 인권만 있고 교사의 인권은 존재하지 않는가. 이런 일련의 상황이 오늘날 교사들을 무기력하게 만든다.

며칠 전, 어느 곶자왈을 다녀왔다. 사철 푸른 숲으로 생태계의 허파 역할을 해주는 곶자왈에서 맑은 새소리를 들으며 숲길을 걷노라니 미지의 세계로 빨려 들어가는 듯했다. 사람들의 마음에 평화로움과 생명의 숨결을 불어넣어 주는 숲이 소중하게 느껴졌다. 혼자 걷기에 아까워 선생을 하는 친구에게 전화를 했는데 휴대폰에서 청렴송이 흘러나온다.

"청렴한 당신이 있어서 세상이 청렴해지네요, 청렴한 당신을 존경해요, 청렴한 당신을 믿어요, 부패를 이기는 정의로운 당신…."

숲 속으로 걸어 들어갈수록 몸과 마음이 날아갈 듯 가벼웠다.

노랫말처럼 청렴한 당신들이 있기에 제주는 청정하다. 우리의 청렴한 생활의 염원이 저 바다 건너 나라 전체로 멀리멀리 퍼져나갔으면 하는 마음 간절하다. 그래서 '제주' 하면 자연만 청정한 것이 아니라 사람들의 마음 역시 청정하다는 인식이 심어졌으면 좋겠다.

오늘도 청렴하고 청정한 제주의 밝은 교육을 위해 불철주야 노력하고 계시는 선생님들에게 곶자왈의 맑고 신선한 공기를 한 아름씩 담아 보낸다.

(2011)

제주국제학교에 대한 기대와 우려

 그동안 말도 많고 탈도 많았던 제주국제학교가 마침내 학부모들의 뜨거운 관심 속에 제주영어교육도시에 문을 열었다. '노스 런던 칼리지에이트 스쿨(NLCS) 제주'와 시사영어사가 운영하는 '한국국제학교(KIS)'인데 제주특별법은 영리법인도 학교를 세울 수 있도록 허용하고 있다.
 국내 최초의 영리학교인 '엔엘시에스'는 2009년 3월 개정된 '제주특별자치도 설치 및 국제자유도시 조성을 위한 특별법'에 근거 규정을 두고 있다. NLCS제주는 외국 유학생들을 국내로 흡수하자는 취지로 설립된 국제학교로서 모든 과목 수업을 영어로 진행한다.
 이 국제학교는 학생들의 학교선택권을 넓히고 조기유학 수요를 흡수한다는 긍정적 평가를 얻고 있지만 벌써 많은 문제점을 드러내고 있는 것으로 나타났다.

첫째, 명색이 '국제학교'라는 이름에 걸맞지 않게 정작 외국인 학생은 좀처럼 눈에 띄지 않는다는 점이다. 이 학교 학생 436명 중 외국인 학생은 4.4%인 고작 19명뿐이다. 외국인 학생이 적다고 고민하는 인천 채드윅 송고국제학교의 17.7%보다도 훨씬 떨어지는 비율이다. 서울의 한 사립대 관계자는 "한국에 온 외국인이 특별히 제주도까지 자녀를 보낼 이유가 없기 때문에 이처럼 국제학교에 외국인이 거의 없는 현상이 이어질 수 있다."며 "자칫 국내 학생들의 영어 학원 대체 학교로 성격이 바뀔 가능성도 있다."고 우려했다.

이러한 우려를 불식시키려면 과감하게 새로운 교육과정을 도입해야 하리라 본다.

또한 160년 전통의 영국 NLCS에서는 자체 경비로 영국 본교와의 교환학생 교류를 활발히 추진해야 할 필요가 있다.

둘째, 국내 최초의 영리학교인 NLCS제주가 앞으로 23년 동안 영국 본교에 로열티 등의 명목으로 612억 원을 지급해야 하는 것으로 확인됐다. 이 학교 운영과정에서 적자가 나면 국토해양부 산하 공기업인 제주국제자유도시 개발센터가 보전하게 돼 있어, 결국 국민 세금으로 외국 학교의 돈벌이를 도와주는 것 아니냐는 지적이 나온다.

셋째, 로열티 등 수수료 부담과 투자금에 대한 원리금 상환 등으로 NLCS제주가 앞으로 지출해야 할 비용은 계속 불어나는데 비해 이 학교의 수입원은 학생들이 내는 등록금과 기숙사비가 전부다.

그러다 보니 이 학교의 연평균 등록금이 고등학교 과정의 경우 2767만 원으로 올해 국내 전체 사립대 1년 평균 등록금의 최대 3.6배에 이른다. 여기에 기숙사비까지 합하면 엄청나다.

더욱이 NLCS제주는 올해 첫 입학생 모집에서 정원 772명의 56.3%인 435명이 등록하는 데 그쳐 적자 폭이 더 커질 것으로 전망된다. 당초 '값싸고 질 높은 영어교육을 제공하겠다.'는 약속과는 달리 비싼 수업료에다 일부 부유계층에 국한된 영어교육을 위해 이렇게 엄청난 자원을 투자한다는 것은 자칫 계층 간 위화감을 조성시킬 수 있어 국민적 비난을 면하기 어렵게 된다.

넷째, 엄청난 로열티를 영국 본교에 제공하면서 문을 연 이 국제학교가 정작 영국 학력은 인정받지 못하게 될지도 모른다는 주장이 제기됐다. 영국 본교에서 계약을 일방적으로 해지해도 막을 수단이 없어 중도에 브랜드를 박탈당할 위험이 있는 것으로 드러났다.

'KIS(한국국제학교)'는 공립 국제학교로서 시사영어사가 운영하고 졸업하면 미국과 한국 학력을 동시에 갖게 된다. 이것이 실행될 수 없다면 국제학교로서의 기능은 상실된다.

'사람은 서울로 보내고 말은 제주도로 보내라.'는 이야기가 있지만, 이제 글로벌 인재를 꿈꾸는 사람을 제주도로 오도록 하기 위해 제주국제학교는 지금까지 제기된 여러 가지 문제점을 보완해야 할 듯하다. 그리하여 막대한 예산과 원대한 꿈을 안고 출발한 제주국제학교가 세계로 뻗어나갈 인재를 키우는 명실상부한 '국제학교'가 되도록 하기 위해 최선을 다해야 할 것이다. 제주국제학교에 성원을 보내는 성숙한 도민의식도 기대해 본다.

(2011)

사랑과 기쁨의 5월

신록이 뿜어내는 5월의 향긋한 공기를 폐부 가득 들이마신다. 곱게 새 단장하고서 다가서는 한라산, 에메랄드빛 바다. 살맛나는 계절이다. 이 자연의 경이로움을 우리 아이들도 느끼고 있을까.

얼마 전 일이다. 내로라하는 1970년대 통기타 가수가 TV에서 열창하고 있었다. 내가 그 모습에 흠뻑 빠져있자 고1 아들이 내게 묻는다. "엄마는 저 노래가 좋아요? 어휴." 아들은 시대에 뒤떨어진 사람 대하듯 내게 눈을 흘긴다.

내가 젊은이들의 와글대는 음악을 이해하지 못하는 것처럼 애들도 내 세대의 음악을 늘어진 엿가락 취급하는지 모른다. 어차피 세대 간에 공유하기 힘든 문화의 존재지만 서로 인정하는 수밖에 없을 것 같다.

한번은 아들이 서울 명동시장을 온종일 돌며 자기가 입을 옷 몇 벌을 사왔다. 잔뜩 신바람이 난 아들은 이 옷 저 옷을 입어보며 콧노래를 부른다. "엄마, 이 옷 멋지지 않아요?" 내가 눈살을 찌푸리자 "아, 그럼 제대로 골라졌네." 한다. 엄마 맘에 들면 아저씨 옷이라나. 세대 간의 문화는 그 근본의 이질성에서 피차 낯설다. 기성세대가 유교적 문화에 진이 박여 있는 반면, 신세대들은 서구 문화를 숨 쉬며 자란 탓일까.

아이들이 겪는 사춘기란 것도 전 같지 않다. 부모의 간섭에서 벗어나려는 심리적 이유기(離乳期)라 점에서는 예나 지금이나 다름이 없지만, 반항의 몸짓이 예전보다 훨씬 크다. 부모까지 휘청거릴 정도다.

새로운 탄생과 눈부신 생장에 감탄을 자아내는 5월, 가정의 달이다. 이런저런 기념일에다 선거 바람까지 가세하면서 쫓기듯 바쁘게 돌아간다. 내 나이쯤 되면 내리사랑과 더불어 치사랑으로 건사해야 할 부모도 있게 마련이라 어깨가 무겁다. 하지만 삶이 힘들수록 화두로 내놓게 되는 게 '가정'이다. 메마른 삶을 적셔줄 정과 사랑이 샘솟는 곳이기 때문이다. 부모 자식 사이, 시어머니 며느리 사이, 시누와 올케 사이, 형 아우 사이. 이들 가족 구성원 사이를 샛강으로 흐르는 따뜻한 정, 또 그 강을 건너는 사랑의 가교. 효도·화목·우애야말로 빼놓을 수 없는 가정의 절대 가치가 아닌가.

가정의 달에 한 번쯤 자신을 돌아보면 어떨까. 제 가정을 위해 얼마나 헌신하고 있는지, 혹여 불화가 5월을 무색하게 하고 있지는 않는지, 사소한 이해를 둘러싼 형제간의 다툼은 없는지. "돈이 앞문으로 들어오면 사랑이 뒷문으로 빠져나간다."는 말이 있다. 잠시 우리의 내면을 들여다보자. 더 많이 가지려는 소유욕, 자신만을 내세우려는 독선, 나의 행복만을 건지려는 이기주의가 우리 가정을 위태롭게 하고 있지는 않은가.

참 효도의 길이 무엇인지도 생각해 보고 싶다. '굶주림은 견딜 수 있어도 외로움만은 견딜 수 없다.'고 한다. 노년의 고독에 대한 방치가 곧 인생의 포기에 이르는 길일 수도 있다. 한국이 OECD 국가 중 노인 자살률이 1위라는 사실이 실로 부끄럽다. 효도는 돈이 아니라 실천이다. 그 방법을 부모의 처지에서 찾아보면 어떨까. 일주일에 한 번, 아니 한 달에 한 번이라도 찾아뵙고 말벗을 해 드리자.

전화나 편지를 드리는 것도 하나의 방법이다. 이런 조그만 관심과 작은 실천이 노인들에게는 큰 위안이고 기쁨이다. 중간에 낀 우리 세대는 부모한테나 자식들에게 정성을 다한다고 하지만 양쪽 모두가 불만족스러울 수 있다. 아무리 그렇더라도 혈연들을 위한 사랑의 견고한 끈은 내려놓지 말아야 한다. 그게 자식의 도리이고 인륜이다.

사람 사이에 질박하고 따뜻한 맛이 그리워지는 요즘이다. 교정의 푸른 나무 사이로 손잡고 걸어가는 할머니와 손녀의 밝고 환한 얼굴이 어쩌면 저리도 5월의 밝고 환한 하늘을 닮았을까.

(2005)

설득과 소통의 리더십

한동안 우리 사회와 정치판을 떠들썩하게 했던 지방선거와 보궐선거가 다 끝나고 새로운 지도자들이 중앙정부와 지방정부에서 출정하게 되었다. 박근혜정부는 2기 내각 각료들과 함께 새로운 각오를 다지며 출발을 했으며, 제주지역에서도 '협치'를 강조하는 원희룡 도지사와 '희망교육'을 앞세운 이석문 교육감이 도정과 교육을 담당하게 된 지 1개월이 지났다.

최근 세월호 참사 이후 우리나라의 현실을 보면 정치와 경제, 교육과 문화의 어느 곳도 원활하게 소통되는 곳이 없이 불신과 반목이 팽배한 듯하다. 새롭게 출발한 제주 도정과 교육계도 출발부터 이런 저런 잡음이 적지 않다.

우리 사회가 이렇게 갈수록 어려운 상황이 되어가는 이유는 무엇일까? 여러 가지 원인들이 있겠지만 그중에서도 가장 큰 원인

중의 하나는 대화와 협상을 통해 진정으로 국민들과 구성원을 위하는 '소통의 리더십'이 부재하기 때문일 것이다.

소통이란 '생각이나 의견 등이 막힘없이 서로 잘 통하는 것'을 말한다. 우리사회에 만연한 갈등과 대립의 병폐를 치유하기 위해서는 '소통'이 가장 중요한 해법임을 알려주는 말이다. 어느 조직이나 집단도 구성원들이 서로 소통하지 못하면 반목하고 갈등이 생길 수밖에 없다.

지난 3월 미국 경제전문지 ≪포춘≫에 의해 '세계의 위대한 지도자 50인' 중 프란치스코 교황과 메르켈 독일 총리가 1, 2위에 선정됐다. 선정 기준은 '리더십이 부족한 시대에 사람들에게 힘을 주고 더 좋은 세상을 만드는데 정신적 영향력을 행사한 사람'이다. 거대한 조직의 우두머리이거나 정치적 지도자라는 이유만으로는 위대한 지도자가 될 수 없다는 뜻이다.

이들의 가장 큰 특징이자 덕목은 '겸손'과 '포용'이다. 위대한 지도자들은 공통적으로 모든 이해집단을 배려하고 구성원들과 소통하기 위해서 편안하고 부드러운 미소와 가식이 없고 겸손한 진정성을 지니고 있다.

사회가 갈등을 빚고 대립하게 되는 가장 중요한 원인은 불통에서 비롯된다. 서로 소통이 되지 않으니 모든 면에서 이념적 갈등과 반목이 빚어지게 되는 것은 당연한 일이다. 크고 작은 조직과 집단에서 '소통의 리더십'이 부족하고 갈등과 반목이 빚어지게 되면, 이

것은 결국 조직에 대한 냉소주의와 조직문화를 악화시키는 원인이 되는 것이다.

국가든 지방정부든 교육기관이든 모든 조직에서 리더의 역할은 매우 중요하다. 특히 오늘날과 같이 모든 부분에서 다원화·개별화된 사회에서 리더에게 가장 중요한 것은 '리더십'이며 리더십의 선결요건은 '소통'이다. 조직을 이끌어가는 리더들은 자신의 주장과 정책을 일방적으로 강요하는 리더십이 아니라 '경청'과 '설득'을 통한 소통의 리더십이 절대적으로 필요하다.

흔히 권위는 말과 행동으로 상대방을 압도하는 것이라고 생각하지만, 권위는 상대에게 힘을 보여주는 것이 아니라 깨우침을 주는 지혜에서 나온다. 너무 빠르고 곧게 흐르고자 하는 물은 바다에 이르지 못한다. 강압이 아니라 상대를 설득하여 이해시키고 마음을 움직여야 의도한 바를 달성할 수 있다.

'소통의 리더십'이란 권위와 권력 향유로서의 리더십이 아니라 대화와 설득의 리더십이다. 힘들고 어려운 상황에서도 서로 다른 이해관계를 가진 집단을 설득하여 합의를 이끌어내는 것이 진짜 훌륭한 리더십이다. 그런 리더십이야말로 현재 우리 사회의 여러 분야에 깊어진 갈등과 반목을 치유할 수 있는 강력한 '힘의 원천'이 될 수 있다.

(2014)

■ 해설

아름다운 세상을 꿈꾸는 꽃의 변주곡
- 고연숙의 수필세계

허상문(문학평론가, 영남대 교수)

1.

수필가 고연숙이 ≪내 삶의 아름다운 변주≫, ≪노루의 눈물≫에 이어 세 번째 수필집 ≪아름다운 뒷모습≫을 출간한다. 이 글을 쓰기 위해 그의 수필들을 꼼꼼히 읽으면서 다시 한 번 가지게 된 필자의 느낌은 고연숙이 인간과 세상에 대하여 깊은 성찰적 태도와 남다른 문학적 감수성을 지니고 있는 작가라는 것이었다. 이미 두 번째 수필집 ≪노루의 눈물≫을 살펴볼 때도 이야기했듯이, 고연숙은 자연과 인간의 관계에 대하여 깊은 인식과 감수성으로 이 세상을 이해하려는 태도를 보인 작가였다.

≪아름다운 뒷모습≫에 실린 여러 작품들을 읽으면서 우리가 가

장 쉽게 만날 수 있는 문학적 상징과 은유는 '꽃'이다. 왜 꽃인가? 알려진 바대로 꽃은 봄을 상징하면서 계절의 변화를 알려주는 사물이다. 또한 인생의 비유로서의 꽃은 한 사람과 시대의 전성기를 의미하면서, 주로 아름다움과 화려함을 상징하고 은유한다. 그래서 많은 시인과 작가들은 문학적 상징으로 꽃을 이용하면서 꽃을 통하여 존재의 모습을 드러내고자 했다. 일찍이 김춘수는 꽃의 상징적 의미를 유명한 시 〈꽃〉에서 탐색했다. "내가 그의 이름을 불러주었을 때/ 그는 나에게로 와서/ 꽃이 되었다."로 노래하면서 시인은 '꽃'이라는 사물을 대상화하여 시적 자아를 관조하고 있다.

  꽃은 자연 속 하나의 사물이며 대상일 뿐이지만, 시인과 작가는 꽃을 꽃으로 보는 것에 그치지 않고 그 내면에 담겨진 깊이의 시학詩學을 인식해야 한다. 고연숙의 경우에 있어서도 꽃은 단순히 외형적 정감의 대상으로서가 아니라, 그것을 사물화 하여 존재의 깊이를 인식코자 한다. 말하자면 그는 '꽃'이라는 사물을 자신이 바라보는 세상의 상대적 대응체로 대상화하여 그로부터 인간과 세상에 대한 보다 깊은 존재론적 의미를 확인코자 하는 것이다. 사람은 누구나 꽃이 되고 싶어 하고, 꽃과 같이 지고지순至高至純한 존재이고자 한다. 그러나 꽃이 피고 지는 것을 보는 것은 쉬운 일이지만, 꽃과 같은 아름다운 세상이 도래하기를 꿈꾸는 것은 쉬운 일이 아니다.

2.

 자연은 오래전부터 인간과 필연적인 관계를 이루면서 끊임없는 관찰과 표현의 대상이 되어왔다. 시대에 따라 미의식은 변하지만 아무리 세상이 변해도 변모하지 않는 대상이 있다. 바로 동서고금을 막론하고 인간들에게 대표적인 미의 상징으로 이야기되는 아름다움의 대상은 바로 꽃이다. 꽃이 크고 빛깔이 진하며 향기가 많이 난다고 해서 아름다운 꽃이라고 할 수는 없다. 중요한 것은 그것을 보는 사람에게 얼마나 좋은 이미지로 보여지고, 그 이미지가 사람들의 마음속에 얼마나 좋은 의미를 일으킬 수 있는가 하는 것이다. 고연숙 수필에서 허다하게 드러나는 꽃의 이미지도 이런 관점에서 해석되어야 할 것이다.

 우리가 사물을 볼 때, 보통 사람들에게는 사물의 외형적인 선과 크기와 색채가 중요한 묘사의 대상이 될 수 있지만, 시인이나 작가의 눈으로는 그 사물로부터 더 의미 있는 추상적이고 상상적인 정서를 얻어내게 된다. 범박하게 말해서 작가가 사물로부터 얻게 되는 정서란 세계와의 교섭창구이다. 그것이 사물이든 인간이든 작가는 그들과 부딪히면서 대상을 인식하거나 정서를 얻게 된다. 이 부딪힘에 의해 정서를 유발하고 정서를 통해 세상을 인식하고 이해하게 된다. 고연숙의 경우, 세상을 인식하는 창구로써 자연물 중에서 인간의 생활과 가장 가깝고 쉽게 접할 수 있는 꽃을 택하였다.

그리하여 인간이 가슴속에 품고 있는 순수하고 아름다운 감정을 꽃을 통하여 표현함으로써 우리의 감성을 순화시키고자 한다. 또한 꽃을 표현함에 있어서도 꽃 그 자체의 형태나, 색상, 속성 등을 직접적으로 표현하기보다는 인간이 공통되고 일괄적으로 유대감을 가질 수 있는 꽃에 대한 느낌을 감성적 이미지로 표현하고자 한다.

자연을 통한 인간성 회복이란 주제는 이미 ≪노루의 눈물≫에서와 같은 수필집에서도 충분히 나타난 것이지만, ≪아름다운 뒷모습≫에서 이 같은 경향은 더욱 다양한 양상의 변주를 나타낸다. 음과 음이 만나 아무리 아름다운 선율을 만들어낸다 할지라도 아무런 변화 없이 그 상태 그대로 반복되기만 한다면 단조롭고 지루하기 짝이 없을 것이다. 그러나 그 선율에 새로운 리듬과 장식음을 더해 '변주'를 거듭한다면 본래의 선율에 잠재된 개성과 매력은 더욱 화려하게 빛나게 될 수 있다. 아름다운 멜로디의 윤곽은 그대로 살아있으면서도 음악은 다양하게 변모해가는 것, 이것이 바로 변주의 매력이다. 고연숙 수필에서 삶과 인간을 살피는 주요한 상징인 꽃의 변주는 다양하게 나타난다.

> 겨울에도 꽃은 핀다. 환희가 담겨 있든 고뇌가 담겨 있든 꽃은 인생을 보여 주는 고귀한 생명체다. 흔적 없이 사라질지도 모르는 여정에서도 꽃은 제 모습을 지니며 필 것이다. 가을의 풍요롭던 풍경

이 숨어버린 겨울에도 저 들판 어디에선가 꽃은 피어 있다. (…)
　이 뜨락에서는 꽃이 거짓으로 피지 않듯 벌들도 거짓으로 꽃들에게 다가가지 않는다.
〈내 마음의 뜨락〉에서

　꽃을 바라보며 우리는 세상을 다 아는 듯이 재잘댔지만, 꽃의 탄생과 소멸이 얼마나 엄청나게 위대한 것인지는 알지 못했다. 길섶에 피어 있는 한 송이 들꽃을 바라보며 왜 감탄해야 하며, 동백꽃이 뚝뚝 떨어지는 것을 바라보며 왜 슬퍼해야 하는지는 알지 못했다.
　꽃은 그냥 피지 않았다. 내 마음도 피워 올리고 이 세상도 피워 올렸다.
〈꽃은 그냥 피지 않았다〉에서

　꽃을 따려니 손끝이 파르르 떨렸다. 세상에 나오기 위해 혼신을 다하여 피었을 꽃을 내 손으로 따야 하다니. 그러나 아직은 더 키가 자라고 더 굵어져야 하고 더 뿌리를 뻗어야 할 때이기 때문에 꽃을 따내지 않을 수 없다.
　매화의 첫 꽃을 따며 기원한다. 너무 일찍 어른인 척하지 말고 시간을 두고 천천히 자라서 부디 튼실한 열매를 맺는 좋은 어머니가 되렴.
〈매화를 따며〉에서

꽃에 대한 작가의 변주는 여기에 그치는 것이 아니다. 야생화는 화려함과 지나침도 숨기고 은은한 향기로 우리에게 다가온다. 그렇지만 "한 송이 꽃을 피워내기 위해 얼마나 힘든 시간을 외로움 속에서 혼자 보냈을까마는 헐벗고 여린 가슴까지 숨기려는 그 진중함이 뜨겁게 와 닿는다."(⟨야생화 연정⟩)는 것을 인식하게 되고, 마침내 작가는 들꽃에게 말을 걸어 대화를 나누고 그들과 가슴 떨리는 고백을 하게 된다. 작가에게 꽃과 나무, 새와 나비가 모두 자신의 친한 벗들이 된다.(⟨나비와 휴대폰⟩) 꽃은 작고 나약해 보이지만 인생과 세상에 대한 진실을 보여주는 보석이며, 삭막하고 어두운 현실을 벗어나 풍요롭고 밝은 삶으로 나아갈 수 있게 해주는 등불이다.(⟨꽃은 그냥 피지 않았다⟩) 그리하여 작가에게 꽃은 세상의 고뇌와 슬픔을 이겨낼 수 있게 해주는 찬란한 정신이며 아름다운 영혼이 된다.

우리가 일상생활에서 대하는 꽃은 흔히 만날 수 있는 하나의 대상물일 뿐이다. 작가들은 그러한 사물의 이미지를 새롭게 인식하며, 자신의 정신적 의지로서 새로운 이미지를 재창조해 내는 것이다. 우리가 이야기하는 예술적 형상화는 작가의 삶과 밀접한 관계 속에서 이루어지고 작가가 느낀 감정이 진정하게 표현될 때 형성된다. 그때에야 작가와 독자는 예술의 진정한 가치인 의사소통이 이루어지게 된다.

현대사회와 같이 문명이 발달하고 고도화 될수록 인간은 문명과 기술이라는 인위적 환경에 불안을 느끼게 된다. 그러므로 현대인은 어떤 형식으로든 복잡하고 조직화된 문명의 속박에서 벗어나고자 하는 욕망을 지니며, 이것은 순수하고 아름다운 자연과의 소통의 갈망으로 나타난다. 이런 현상은 현대사회의 다양한 병리적 현상에 대한 반작용으로 자연에로의 귀속 의지의 표현이라 할 수 있을 것이다. 말하자면 고연숙의 작품에서 보듯이, 꽃으로 상징되는 자연은 인간의 복잡한 심리상태를 반영하며 희망과 아름다움의 세계로 돌아가고자 하는 소망의 공간이다. 그러나 역설적으로 이 세상의 풍경은 갈수록 암울하다.

사회 곳곳에서는 서로를 밀어 내느라 애쓰며 극단적인 편싸움을 하는 듯하다. 소통부재와 대화의 단절은 분열과 갈등과 대립을 낳는다. 그렇게 되면 사회는 찢겨지고 모두가 모래알처럼 뿔뿔이 흩어진다. 모두가 나만 옳고 상대방은 틀리다는 식의 독선과 오만에서 벗어나지 못한다. 새해에는 나와 너, 이웃과 이웃 사이에서 소통과 화해의 강물이 흘렀으면 하는 바람이다.
혼자 가면 힘든 길도 함께 가면 더 멀리 갈 수 있을 것이다. 세상이란 혼자 살 수도 있겠지만 더불어 사는 삶은 훨씬 더 쉬울 수 있다. 겨울 들판에 고고하게 홀로 핀 꽃을 보노라면 아름답긴 하지만 왠지 쓸쓸함을 느끼게 된다. 꽃도 사람도 함께 어우러져야 아름다운 풍경을 이룬다. '우리'라는 말은 푸른 하늘과 같이 희망이며 소망이 될 것이다.

— 〈저무는 태양을 바라보며〉에서

작가는 나와 너, 이웃과 이웃 사이에서 소통과 화해의 강물이 흘러가는 세상을 바라고 있지만, 이 세상은 모두가 나만 옳고 상대방은 틀리다는 식의 독선과 오만에서 벗어나지 못하고 있다. 작가가 생각하는 꽃과 사람이 함께 어우러진 '아름다운 풍경'은 우리들에게서 갈수록 사라져 가고 있는 것이다. 실제로 고연숙이 바라보는 이 세상과 인간에 대한 정서는 슬픔과 비탄의 어조로 가득하다. 일반적으로 현대 사회를 살아가는 인간의 삶의 양태는 자연과 함께 할 때 느낄 수 있는 감성적이고 정신적인 면보다는 지성적이고 물질적인 면에 치우쳐 있다. 그래서 삶의 기쁨이나 아름다움을 노래하기보다는 삶의 슬픔이나 아픔을 표현하는 경향이 지배적이다. 이런 경향을 반영하듯 고연숙 문학에서도 이 세상과 인간에 대한 묘사는 우울한 풍경으로 나타나고 있으며, 고연숙 문학의 기본적 정서를 슬픔의 정서, 즉 세상을 비극적으로 인식하는 결과를 낳게 된다.

이제 아득하게 사라져 가는 젊은 날의 꿈과 기억은 끝없는 허무의 가장자리로 함몰하는 모습이다. 작가가 그려내는 희미하고 우울한 풍경은 타락해가는 세상에 대한 하나의 불완전한 텍스트이다.

> 그러나 이제는 차마 어릴 적 꾸었던 꿈을 안고 하늘을 날아다니지는 못할 것 같다. 두 발은 이미 내가 살고 있는 이곳에 확실하게 고착되어버렸고, 나는 가정과 사회라는 비좁은 성 안에 갇혀 사는

존재가 되어 있다. 내가 만나는 사람은 물론 행동반경도 거의 고정되어버렸다. 이 세상을 향한 넓은 인식도 전망도 딴 세상의 얘기일 뿐, 오염된 세상에서 온갖 헛된 욕심으로 찌들어가고 있다. 비록 알바트로스를 만나지는 못했지만, 그를 타고 비상하는 꿈을 버리고 싶지는 않다.

— 〈알바트로스의 비상〉에서

 마치 자신의 분신과도 같았던 꽃은 시들어가고 현실은 어두운 풍경이 되어 있다. 아름다운 과거와 어린 시절부터 꿈꾸던 '알바트로스의 비상'은 황혼 속에서 이루어지지 못할 것이라는 절박함이 작가의 외로움을 더하게 된다. 세월을 더해가면서 깊어가는 황혼 저편에는 아직도 이루지 못한 사랑 하나가 담겨있다. 작가는 "가정과 사회라는 비좁은 성 안에 갇혀 사는 존재"가 되어버렸지만, 뜨거운 입맞춤으로 세상과 인간에 대한 무한한 애정을 표현하고자 한다. 이것은 그야말로 '비극적 황홀'의 경지가 아닐 수 없다. 니체가 ≪인간적인 너무나 인간적인≫에서 기성의 모든 진리나 가치의 배후에는 속물적인 타산이 도사리고 있다고 보고 인간다운 삶의 세계를 경멸했듯이, 이제 이 세상에서 진리의 객관성이나 삶의 진실성은 사라지고 없다. 인간다운 삶을 원천적으로 불가능하게 하는 상황 속에서, 고연숙은 비장함에 가까울 정도의 심정으로 새로운 삶을 생각해본다.

3.

　삶의 외부에서 이루어지고 보이는 모든 현상은 궁극적으로 마음으로부터 출발한다. 우리가 절대적 진리와 가치라고 믿는 것들이 실제로는 가까이 존재하는 것과 마찬가지로 목표에 도달하는 방법은 그 자체의 가치를 실증해주는 것이어야 한다. 자연주의자 H. D. 소로우가 "사물은 변하지 않는다. 다만 우리가 변해야 한다."(《월든》)라고 말했듯이, 깨달음 혹은 삶에 있어서의 진정한 행복은 어떤 초월 상태가 아니다. 그것은 넓은 사유와 깊은 명상의 상태에서 자신의 운명을 스스로 만들고, 일상 속에서 만족을 이루는 가운데 찾아진다.

　고연숙의 텍스트에서는 다양한 외적 삶의 상황으로부터 생긴 감정과 열망들이 내적 깨달음으로 수렴되어간다. 말하자면 그의 텍스트에서는 인간존재와 외적 현실의 문제가 내적인 성찰과 명상에 의해 새롭게 변모한다. 물론 이것은 주관적 상황에 따라 변모하는 작가의 관점의 표현이라 할 수 있겠지만, 관점이란 타인 혹은 세상과의 관계맺음에 의해 새롭게 이루어지게 마련이다. 앞서 우리는 고연숙 수필이 지니고 있는 비극성에 대해서 이야기했지만, 그의 수필이 가지는 비극성은 긴 시간을 배회하며, 삶의 현실에 맞서고자 하는 작가의 새로운 관점의 수립에 의해 생겨난 것이다. 이런 점에서 그의 텍스트에 빈번히 나타나는 자유를 위한 갈망의 표현은 결코 우연이 아니다. 작가는 지나온 세월을 되돌아보면서 까마득하게 너무 멀리 와버렸지만 이제부터라도 자유로운 삶이 있는 세상 속으로 날아가고 싶어 한다. 이미 정해진 길 위에서 편안하게 길들여진 세상을 안주하면서 살아가는 일이란 쉬운 일이다. 그동안 많은 사람들은 세상으로부터의 일탈과 탈출을 꿈꾸어 왔고, 이런 일탈은 삶을 새롭게 만들 수 있다.

고연숙의 수필에서는 여러 가지 형태로 일탈이 기획된다. 그의 일탈의 우선적 표현은 바로 자유에 대한 갈망으로 나타난다. 그에게 자유의 의미란 무엇인가. 자유의 의미를 작가는 다음과 같이 표명한다.

> 내가 원하는 자유는 무엇을 마음대로 먹고 입고 사는 것을 의미하는 것이 아니다. 나의 일상과 일과 사람들의 속박과 굴레로부터 떠나 마음껏 나의 시간을 갖고자 하는 것이다.
> 나만의 자유, 이 갑갑한 일상으로부터 탈주해서 나만의 특별함을 위해서 시간을 가진다는 것이 이렇게 힘든 일인 것인가. 이카루스와 같이 하늘을 날다가 바다에 떨어지는 일이 있더라도 저 하늘과 바다의 어딘가로 훨훨 날아가고 싶다.
> － 〈이카루스가 되고 싶다〉에서

형이상학적인 생각이든 세속적 행동이든 이러한 일탈은 모험의 형식을 취하게 마련이다. 언제나 모험은 용기를 필요로 하고, 또한 모험이란 위험을 무릅쓰는 일이다. 흔히 그 모험은 여행의 형식을 취한다. 여행이란 일상에서 벗어나 낯선 세계와 맞닥뜨리고 또 그 세계의 의미를 발견하는 나그네길이다. 이 여행은 오늘날 교통수단의 발달이나 인터넷을 위시한 유효한 정보의 발전에 따라 모험적 성격이 크게 감소되었다. 그렇지만 여행이 일상에서의 일탈과 새로운 세계의 탐색이란 보편적 의미는 달라지지 않았다. 오히려 여행은 오늘날에 와서 보다 보편화된 일탈의 양식으로 자리잡았다고 할 수 있다. 고연숙의 여행 또한 가까이로는 순천만에서 멀리는 터키에 이르기까지 거리와 시간을 넘나들며 다양한 양상을 보여준다. 순천만 여행에서는 강물을 바라보면서 '너그러움과 인내, 포용의 정신'을 느끼는가 하면(〈순천만 갈대〉), 터키 여행에서는 '현재의 시간보다는 과거의 추억과 기억에 대한 의미와 유장한 역사'를 더욱 의미 있는 것으로 바라보게 된다.(〈아름다운 뒷모습〉)

여행 못지않게 고연숙의 수필에서는 일상에서의 떠돎의 모습이 흔히 나타난다. 그 떠돎은 일종의 방황일 터인데, 고연숙은 그 방황을 일종의 '정신적 깨달음'을 위한 욕망의 표현으로 얘기한다. 환언컨대 이 욕망은 앞서 살핀 일탈의 다른 욕구이고 다른 표현이라고 해야 할 것이다. 이 방황에서 그는 자기정체성을 확인코자 한다. 이것은 이른바 현실에서 존재하지 않는 정착할 곳을 찾아 떠도는 마음속 방황이다. 이는 사르트르의 표현을 빌리자면, '잉여의 존재'가 아웃사이더로서 그 삶과 존재의 방식을 탐구하는 거와 같은 필연적인 행동양식이다. 다시 말해 이것은 암울한 삶의 현실에서 자아의 정체성이 모호한 속에서 자기의 본질을 찾기 위해 어쩔 수 없이 겪는 실존적 고뇌인 것이다. 실존적 고뇌를 위한 고통은 이 세상 도처에 널려 있다. 세상에는 가족과 친구와 연인들 사이를 결속시키는 단단한 끈이 있지만, 그 어떤 부와 명예와 권력도 항구적으로 그 매듭을 이어주지는 못한다. 그토록 견고하게 보이던 매듭이 종국에는 하나씩 사라지는 것을 우리는 지켜보게 된다. 결국 임종의 자리에서 마지막 고통에 몸부림치는 것은 철저히 혼자의 세계인 것이다. 이런 허무의 상태에서 인간이 개인적 사회적 존재로서 자신을 인식하고 그 모습을 냉정하게 표현해 내는 것은 쉬운 일이 아니다. 고연숙의 수필에는 언제나 삶과 인간을 보는 냉철한 깊이와 넓이가 담겨 있다.

  산에 오르면 내가 얼마나 부족한 존재인지를 느끼게 된다. 산의 우뚝 솟아 오른 큰 바위는 나의 교만한 마음을 꾸짖는다. 보잘것없는 지식으로 잘난 척이나 하고 헛된 재산과 명예로 군림하고자 한 것은 아닌지 야단친다. 전체를 보지 못하고 사소한 부분에 매달려 남을 미워했다는 것을 깨닫게 한다. 산 위에서 전개되는 웅장한 풍경을 바라보며, 나의 부족함과 모자람을 다시 한 번 되돌아보게 된다. 산꼭대기에서 복닥거리는 세상을 내려다보면 사람들이 집착하는 명예도 사라지고 부의 축적에 따른 구분도 다 사라진다. 나를 억누르던 중압감도 모두 잔돌이 되어 저 계곡 아래로 흘러가 버린다.
                  – 〈산을 오르며〉에서

작가는 산 위에서 전개되는 웅장한 풍경을 바라보면서 "전체를 보지 못하고 사소한 부분에 매달려 남을 미워했다는" 자신의 모자람을 다시 한 번 되돌아보고, 세상과 인간에 대한 새로운 모습을 갈구한다. 그는 잔돌을 계곡 아래로 흘려버리고 새로운 길에 우뚝 서려는 의지를 불태운다. 이는 현재보다 더 나은 세상을 기다리라는 희망의 마음에서 우러나는 것이다. 이런 정신은 그가 일생을 몸담았던 교육에 대한 관점에서도 분명하게 드러난다.

> 교육을 나라의 백년지대계百年之大計라고 말한다. 교육은 나라의 미래를 위해 장기적인 관점에서 계획을 세우고 실천해야 하는 막중한 일이라는 뜻이다. 교육은 일차적으로 가정에서 출발하지만 학교 교육도 매우 중요하다. 오늘날과 같이 격변하는 사회현실 속에서 학교 교육에 많은 비용을 투자하고, 효과적인 교육방법을 찾고, 올바른 교육행정을 하는 데 노고를 아끼지 않는 이유도 이 때문이다.
> — 〈제주교육의 성과와 미래〉에서

정치와 사회, 문화와 교육의 모든 분야에서 현대인들이 갈구하는 최상의 가치는 오직 쾌속 질주를 위한 것이라는 작가의 진단은 옳다. 현대인들의 가치는 삶의 타락과 왜곡을 치유하려는 아름답고 순수한 의도가 아니라 오직 개인적 욕망을 성사하기 위해 앞서 달리고자 하는 비뚤어진 마음으로 병들어 있다. 하지만 아무리 쾌속 질주를 한다고 해도 우리에게 중요한 것은 인간답게 살 수 있는 삶의 공간을 만드는 것이다. 플라톤이 동굴 속에서 '이데아의 빛'을 기다렸듯이, 고연숙이 기다리는 것은 어둠을 밝혀줄 빛과 세상을 아름답게 할 꽃이다. 작가에게 이런 기다림을 가능케 하는 것은 바로 언젠가 희망에 찬 메시아가 당도할 것이라고 믿는 순수한 열망과 아름다운 영혼이 있기 때문일 것이다.

4.

 고연숙의 수필을 읽으면 스핑크스 앞에 서 있는 오이디푸스의 모습을 자주 떠올리게 된다. 그의 텍스트에서는 쉽게 해독할 수 없는 삶에 대한 질문들이 흔히 등장하기 때문이다. 총명한 영웅인 오이디푸스는 스핑크스의 불가해한 질문에 '인간'이라는 답을 내놓고 테베의 왕으로 등극하지만, 고연숙의 수필은 불완전한 텍스트 독해의 불가능성 앞에서 번번이 좌절하고 만다. 인간과 삶이라는 텍스트 자체가 불가해한 것이니 작가가 그것을 완전히 해독한다는 것은 애당초 불가능한 일인지 모른다. 더욱이 이 타락하고 암울한 시대에서 아름다운 세상을 꿈꾸는 사람에게 삶과 인간에 대한 해답이 어찌 그리 쉽게 얻어질 수 있을 것인가.
 빛이 없는 세상을 상상할 수 없듯이, 꽃이 없는 세상을 우리는 상상할 수 없다. 고연숙 문학은 한 줄기 빛이 되고 한 송이 꽃이 되어, 이 암울한 세상과 삶과 인간을 밝히기 위한 답을 찾고 또

찾는다. 그에게 꽃은 자신이 살아온 세상에 대한 실존적 그리움이자 사랑이자 반성이다. 이 실존적 그리움은 완성에 대한 거부로 이어진다. 그것은 이 속악한 세상을 더욱 깊이 사랑하기 위한 반성이다. 꽃은 시간의 생성과 소멸에도 오염되지 않는 하나의 존재론적 가치를 드러낸다. 그것은 세상과 인간의 슬픔과 고통을 무화시키는 동시에 우주의 영원한 질서를 여일如一하게 하는 신비로운 상상의 세계이다.

문학이란 이 세상의 곳곳에 뒹굴고 있는 사물들에 대한 언어적 창조이며 자연에 대한 경의의 표현이다. 작가에 의해 이루어지게 되는 언어의 새로운 창조란 현존하는 모든 대상에 존재의 의미를 부여함으로써 가능하게 된다. 작가가 바라보는 대상을 통해 인간과 세상의 슬픔과 고통의 의미를 표현할 수 있는 수필은 빈곤한 인간의 마음을 따뜻하고 너그럽게 감싸 안을 수 있는 문학양식으로 기능한다. 한 수필가에 의해서 이루어지는 인간과 세상에 대한 기구祈求는 커다란 공명으로 우리에게 다가온다. 고연숙 수필의 미덕은 바로 아름다운 세상을 위한 작가의 간절한 염원이 담겨 있다는 사실에 있다.